Walter Kardinal Kasper
Mouhanad Khorchide

Gottes Erster Name

Walter Kardinal Kasper
Mouhanad Khorchide

Gottes Erster Name

Ein islamisch-christliches
Gespräch über Barmherzigkeit

Herausgegeben von
Jürgen Erbacher

Mit einem Geleitwort von
Annette Schavan

Patmos Verlag

VERLAGSGRUPPE PATMOS

PATMOS
ESCHBACH
GRÜNEWALD
THORBECKE
SCHWABEN

Die Verlagsgruppe
mit Sinn für das Leben

Für die Schwabenverlag AG ist Nachhaltigkeit ein wichtiger Maßstab ihres Handelns. Wir achten daher auf den Einsatz umweltschonender Ressourcen und Materialien.

Alle Rechte vorbehalten
© 2017 Patmos Verlag der Schwabenverlag AG, Ostfildern
www.patmos.de

Umschlaggestaltung Finken & Bumiller, Stuttgart
Gestaltung, Satz und Repro: Schwabenverlag AG, Ostfildern
Druck: GGP Media GmbH, Pößneck
Hergestellt in Deutschland
ISBN 978-3-8436-0906-7 (Print)
ISBN 978-3-8436-0907-4 (eBook)

Inhalt

Ein islamisch-christliches Gespräch über
Barmherzigkeit | Geleitwort   7
ANNETTE SCHAVAN

Gottes Erster Name | Vorwort   15
JÜRGEN ERBACHER

Barmherzigkeit als Schlüsselkategorie
der islamischen Lehre   23
MOUHANAD KHORCHIDE

Barmherzigkeit – christlich und muslimisch   37
KARDINAL WALTER KASPER

Gespräch über Barmherzigkeit   49
JÜRGEN ERBACHER – WALTER KASPER –
MOUHANAD KHORCHIDE

Papst Franziskus, die Barmherzigkeit und
der interreligiöse Dialog   107
JÜRGEN ERBACHER

Zu den Autoren   117

Ein islamisch-christliches Gespräch über Barmherzigkeit

Geleitwort

ANNETTE SCHAVAN

Der Dialog über die Bedeutung der Barmherzigkeit im Christentum und im Islam, der von Kardinal Walter Kasper und Mouhanad Khorchide am 6. September 2016 in der Residenz der Deutschen Botschaft beim Heiligen Stuhl geführt wurde, zeigt einmal mehr, wie sehr die theologische Reflexion klärend wirkt und in der Analyse von Gemeinsamkeiten und Differenzen eine Basis für den wechselseitigen Respekt geschaffen wird.

»Aber glaubt nicht, dass ich Werbung für die Bücher des Kardinals mache« – die meisten erinnern sich an diese Worte von Papst Franziskus bei seinem ersten Angelus-Gebet hoch über dem Petersplatz am 17. März 2013. Er meinte Kardinal Kasper und bezog sich auf sein Buch »Barmherzigkeit«, dessen spanische Übersetzung der Papst während des Konklave gelesen hatte. »Etwas mehr Barmherzigkeit verändert die Welt; es macht sie weniger kalt und mehr gerecht.« Das waren die Worte des neu gewählten Papstes bei seinem ersten öffentlichen Auftreten, und mit diesen Worten war die Spur für Inhalt und Schwerpunkt des Pontifikats gelegt. Ganz im Sinne seines bischöflichen Wahlspruches *Miserando atque eligendo* (»Durch Erbarmen erwählt«) beschreibt Papst Franziskus das Fundament des Glaubens und der sich daraus ergebenden Botschaft der Hoffnung: Barmherzigkeit!

Kardinal Walter Kasper und Professor Mouhanad Khorchide, zwei Denker ihres Glaubens, die dies nicht als intellektuelles Glasperlenspiel verstehen, sondern ihren Glauben leben und bezeugen, haben zur gleichen Zeit – aber ohne Kenntnis vom anderen – zum gleichen Thema veröffentlicht. »Barmherzigkeit«: ein alter Begriff des Glaubens, der vielen verstaubt und abgegriffen vorkommt. Beide Autoren haben ihn wiederentdeckt und deutlich gemacht, wie sehr er für das Christentum und den Islam ein Schlüsselbegriff ist.

Mit dem »Jahr der Barmherzigkeit«, das Papst Franziskus am Christkönigssonntag 2016 formal beendet hat, ist eine Bewegung entstanden, die durch eine vielgestaltige Aufnahme des Themas weltweit zu einer neuen Besinnung geführt hat.

Der nachfolgende Text dieses Buches gibt das Gespräch der beiden Autoren wieder – ein Gespräch, in dem sie darüber nachdenken, was ihnen und ihrem Glauben so wichtig ist: Gott ist barmherzig! Der glaubende Mensch ist zur Barmherzigkeit aufgerufen – gegenüber Freunden und gegenüber Fremden. Es wird deutlich, dass dieser alte Begriff neue Sprengkraft entwickeln kann. Wenn Gott barmherzig ist, wie kann dann der Mensch unbarmherzig mit anderen umgehen? Was bedeutet dann die Freiheit des Menschen – auch und gerade Glaubens- und Religionsfreiheit?

Im Heiligen Jahr der Barmherzigkeit hat Papst Franziskus bei vielen und ganz unterschiedlichen Gelegenheiten den Begriff der Barmherzigkeit immer und immer wieder durchbuchstabiert. Er besuchte Menschen am Rand: weil sie arm sind oder krank oder obdachlos, weil sie ausgegrenzt werden, verwaist oder Gefangene, weil sie durch Lebensentscheidungen von der Bahn abkamen oder mit einer neuen Entscheidung eine neue Spur durchs Leben finden mussten. Er deutete Karfreitag und die Passion, die Auferstehung und die Himmelfahrt, Papst Franziskus erläuterte die barmherzige Seite des Pfingstfestes und bei jedem Marienfest neu, welche

Bedeutung Gottes Barmherzigkeit im Leben der Gottesmutter hatte.

Die beiden Autoren als Vertreter ihres Glaubens hatten diesem Thema schon vor der weltweiten Welle Beachtung geschenkt und es damit auch aus der Versenkung geholt. Walter Kasper spricht dabei davon, dass Barmherzigkeit ein »Grundbegriff des Evangeliums« sei und damit auch »Schlüssel christlichen Lebens«. Mouhanad Khorchide wiederum geht das Thema von seiner eigenen Religion her an, wenn er den Titel wählt: »Islam ist Barmherzigkeit«. Er spielt dabei auch mit der Bedeutung des Begriffs »Islam« als »Hingabe an Gott«, also mit einer Glaubenshaltung, die gar nicht anders kann, als zur Barmherzigkeit zu führen, und den Islam als Bezeichnung einer Religionsgemeinschaft sieht, die in der öffentlichen Wahrnehmung durch Extremismus und Terrorismus zum Zerrbild und zum schieren Gegenteil von Barmherzigkeit verkommen ist. Beide Autoren sehen es als wichtige Aufgabe der Theologen und derer an, die Verantwortung innerhalb einer Glaubensgemeinschaft tragen, dass Christentum und Islam nicht oder nicht mehr in der Hand von Fanatikern sind, sondern zurückgeführt werden und für das stehen, was sie seien sollen: Zeugen eines Gottes, der barmherzig ist.

Im Gespräch wird dabei deutlich, dass der Teufel bekanntlich im Detail liegt und es »*das* Christentum« genauso wenig gibt wie »*den* Islam«. Das Spektrum zwischen altorientalischen Christen und charismatisch geprägten Freikirchen ist gewaltig. Die Erfahrungswerte der Christen im Orient sind andere, als wir sie im Westen Europas haben. Die gesellschaftlichen Vorstellungen von Demokratie und Menschenrechten sind bei uns anders ausgeprägt als im Mittleren und Nahen Osten und dort unabhängig davon, ob jemand Christ oder Muslim ist. Die Komplexität der Welt und ihrer Zusammenhänge und die damit einhergehende »neue Unübersichtlichkeit«, wie Jürgen Habermas dies schon vor mehr als dreißig Jahren nannte, machen ein gegenseitiges Verstehen schwer. Aber wie das Gespräch zwischen zwei Denkern zeigt, ist es nicht unmöglich. Voraussetzung dazu ist der Wille, verstehen zu wollen; den anderen in seinem Anderssein zu sehen und zu versuchen, dies zu akzeptieren oder wenigstens zu tolerieren. Dazu gehört auch, immer wieder Schritte auf den anderen hin zu gehen und gleichzeitig zu versuchen, die eigene Haltung transparent und nicht aggressiv zu erklären; Hilfestellung zu geben ohne Arroganz; Schwächen des anderen nicht auszunutzen und die eigenen Stärken nicht überheblich herauszustellen. Gleichzeitig gehört dazu auch, sich kritischen Anfragen zu stellen und den Gesprächspartner ebenso kritisch zu befragen. Der Dialog zeigt: Das ist ein schwieriger Balanceakt. Begriffe und Biografien, Zusammenhänge und Strukturen, Geschichte und Verletzungen müssen geklärt und erkannt, manchmal auch geheilt werden.

Papst Franziskus sagt zum Abschluss des Heiligen Jahres, dass es sicherlich keine spektakulären Dinge bewirkt, sondern viele Anstöße gegeben habe. Denn, so der Papst: »Ich glaube, der Herr wird gute, einfache alltägliche Dinge im Leben der Menschen wachsen lassen.« Kasper und Khorchide haben durch ihre Gedanken und Ideen Anstöße gegeben, und einige davon konnten sie bei diesem Gespräch aufnehmen und weiterführen. Gemeinsame Ideen konnten entwickelt werden, und es wurden auch Schwierigkeiten deutlich, die sich nicht einfach übergehen lassen. Aber auch da wurden Möglichkeiten ins Auge gefasst, wie und woran man weiter arbeiten soll und wie dies gelingen kann.

Ein Einwand, der vom ersten Tag an gegen beide Autoren und auch gegen Papst Franziskus immer wieder vorgebracht wurde, ist, dass die göttliche Barmherzigkeit es dem Menschen zu einfach mache. »Wir haben doch auch ein Gerechtigkeitsgefühl«, so hörte man immer wieder. *Nur* barmherzig, das hinterlässt bei manchen einen faden Beigeschmack. Aber auch hier waren sich die Gesprächspartner einig, und auch hier kann eine Äußerung von Papst Franziskus aufgegriffen werden, die er ganz am Schluss des Heiligen Jahres machte, als er sagte: »Gerechtigkeit und Barmherzigkeit sind bei Gott dieselbe Sache. Die Barmherzigkeit ist gerecht und die Gerechtigkeit ist barmherzig, und man kann das nicht trennen.«

Der Dialog von Walter Kasper und Mouhanad Khorchide über die Barmherzigkeit ist ein wichtiger Baustein für die Basis im Dialog von Christen und Muslimen. Eine wesentliche Voraussetzung für diesen Dialog, darüber waren sich beide Gesprächspartner einig, ist die Anerkennung der Religionsfreiheit.

Das hier vorgelegte Gespräch ermutigt zur Fortsetzung des christlich-islamischen Dialogs. Seit 2010 bieten die Zentren für islamische Theologie an einigen Universitäten in Deutschland hierzu gute Voraussetzungen ebenso wie die zahlreichen Fakultäten für evangelische und katholische Theologie sowie die Hochschule und die Zentren für jüdische Studien. Theologische Reflexion klärt und klärt auf.

Damit kann sie einen Beitrag leisten, Religionen vor Verengungsgeschichten und politischer Vereinnahmung zu bewahren.

Die beiden genannten Bücher von Walter Kasper und Mouhanad Khorchide erschienen 2012: Walter Kardinal Kasper, *Barmherzigkeit. Grundbegriff des Evangeliums – Schlüssel christlichen Lebens,* Freiburg im Breisgau ⁵2016 (2012); Mouhanad Khorchide, *Islam ist Barmherzigkeit. Grundzüge einer modernen Religion,* Freiburg im Breisgau 2012.

Die Zitate von Papst Franziskus sind aus dem Angelus vom 17. März 2013, dem Fernsehinterview bei TV2000 am 20. November 2016 und dem Apostolischen Schreiben *Misericordia et Misera.*

Gottes Erster Name
Vorwort

JÜRGEN ERBACHER

»Barmherzigkeit im Christentum und im Islam« war der Titel eines Abendgesprächs in der Deutschen Botschaft beim Heiligen Stuhl. Auf Einladung der Botschafterin Annette Schavan diskutierten Kardinal Walter Kasper und Professor Mouhanad Khorchide über »Gottes Ersten Namen«: die *Barmherzigkeit*. Bis auf die erste Sure beginnen alle Suren des Korans mit der Eröffnung: »Im Namen Gottes, des Allbarmherzigen, des Allerbarmers«; sie gelten als die ersten beiden der 99 »schönen Namen Gottes«. In der Bibel bestimmt Gott selbst den biblischen Gottesnamen JHWH als »barmherzig und gnädig, langmütig, reich an Huld und Treue« (Exodus 34,6). Die Gesprächspartner haben sich in den vergangenen Jahren intensiv mit dem Thema Barmherzigkeit in ihrer Religion beschäftigt. Erstmals kamen die beiden an diesem Abend zu einem Gespräch zusammen.

Das Interesse war groß, der Saal in der Residenz der deutschen Botschafterin war bis auf den letzten Platz gefüllt. Angesichts der vielen Konflikte und Gewaltakte weltweit, bei denen immer wieder auch eine religiöse Komponente mitschwingt, wollten die Zuhörenden wissen, wie ein Dialog zwischen den beiden Religionen gelingen kann. Immerhin waren bei vielen Anwesenden, die zum großen Teil aus dem Umfeld der Römischen Kurie sowie dem beim Heiligen Stuhl akkreditierten Diplomatischen Korps kamen, die Spannungen nach der Regensburger Rede von Papst Benedikt XVI. noch stark präsent. Die Veranstaltung fand in zeitlicher Nähe zum zehnten Jahrestag jenes Vortrags statt, in dem Benedikt XVI. über das Verhältnis von Glaube und Vernunft sprach und mit einem islamkritischen Zitat des mittelalterlichen byzantinischen Kaisers Manuel II. Palaiologos (1350–1425) in der muslimischen Welt für einen Sturm der Entrüstung sorgte. Schon im direkten Nachgang zu diesen Reaktionen entstanden verschiedene Dialoginitiativen christlicher und islamischer Theologen. Im Pontifikat von Papst Franziskus hat sich das Verhältnis weiter entspannt, bis hin zum denkwürdigen Treffen des katholischen Kirchenoberhaupts mit dem

Groß-Scheich der Kairoer Al-Azhar-Universität, Ahmad Mohammad al-Tayyeb, im Mai 2016.

Die Al-Azhar-Universität ist ein maßgebliches Lehrinstitut des sunnitischen Islams, dem weltweit etwa 80 bis 90 Prozent der Muslime angehören. Der Scheich al-Azhar hatte bei seinem Aufenthalt in Deutschland im März 2016 das Zentrum für Islamische Theologie an der Westfälischen Wilhelms-Universität in Münster besucht. Auch wenn bisweilen widersprüchliche Signale aus Kairo kommen, was die Bereitschaft zum Dialog und etwa die Akzeptanz der Religionsfreiheit betrifft, wollte al-Tayyeb die Einrichtung in Münster und die theologische Schule unterstützen, die dort unter maßgeblicher Leitung von Professor Mouhanad Khorchide seit 2011 aufgebaut und betrieben wird und die eben jenes Verständnis des Islams vertritt, das mit voller Überzeugung sagen kann: »Gott ist Barmherzigkeit«. Die Vorstellung provoziert, und zwar in eine doppelte Richtung: Zum einen ist dieses Gottesverständnis innerhalb des Islams umstritten. Zum anderen verbinden viele Nicht-Muslime mit dem Islam nicht »Barmherzigkeit«. Die öffentliche Wahrnehmung ist eine andere; auch wenn dabei außer Acht gelassen wird, dass das verbreitete Bild des Islams sehr stark durch dessen fundamentalistische

Formen geprägt ist. Islam sei aber nicht mit Gewalt gleichzusetzen, betont Papst Franziskus beinahe gebetsmühlenartig. Und doch wird es immer wieder gemacht.

Das Gespräch zwischen den beiden Gelehrten versprach also interessant zu werden. Professor Khorchide als Vertreter eines eher unbekannten Islams, der zugleich zu den profiliertesten islamischen Theologen weit über den deutschen Sprachraum hinaus zählt, spricht mit einem der renommiertesten katholischen Theologen der Gegenwart, Kardinal Walter Kasper, dessen Wirken vom amtierenden Papst aufmerksam verfolgt und der von Franziskus in wichtigen Dingen immer wieder zu Rate gezogen wird. In der Diskussion zeigen die beiden Gemeinsamkeiten zwischen Christentum und Islam, aber auch die Unterschiede und Grenzen auf. Ihr Gespräch macht deutlich, dass das Thema »Barmherzigkeit« ein Anknüpfungspunkt, ja eine Art Brücke sein kann für einen erneuerten und vertieften Dialog zwischen Christentum und Islam.

Wenn »Gottes Erster Name« wirklich *Barmherzigkeit* ist, dann müssen Streit und Gewalt zwischen den beiden Religionen der Vergangenheit angehören, dann dürfen Verschiedenheit und unterschiedliche religiöse Zugänge zu Gott kein Anlass für Misstrauen und Hass sein, sondern sollten als Chance begriffen werden. In diesem Buch finden sich die Statements, mit denen die beiden Diskutanten in das Thema »Barmherzigkeit« aus ihrer je eigenen Perspektive eingeführt haben, sowie eine Wiedergabe ihres Gesprächs. Es vermag natürlich nicht alle Themen anzusprechen, die beim Dialog zwischen Christentum und Islam diskutiert werden sollten, aber es kann ein Anfang sein für ein vertieftes Gespräch.

Aus diesem Grund ist das vorliegende Buch entstanden. Es bietet Nichtglaubenden die Möglichkeit, zu erfahren, dass es im Christentum und im Islam Kräfte gibt, die für ein friedliches Miteinander der Religionen eintreten. Sie können lernen, dass Religiosität, gelebt im Sinne der beiden Diskutanten, kein Spaltpilz für eine Gesellschaft ist, sondern im Dienst des Menschen stehen kann. Das Buch kann den Dialog zwischen Christen und Muslimen auf ganz unterschiedlichen Ebenen anregen und vertiefen helfen. An vielen Stellen finden sich Anknüpfungspunkte für beide Seiten, wo in der eigenen Religion und im interreligiösen Dialog Themen sind, die noch bearbeitet werden müssen, damit die Religionen zu einer guten Zukunft von

Erde und Menschheit beitragen können. Das Buch möchte jeden Glaubenden anregen, sich der eigenen Religion bewusster zu werden – eine Vergewisserung des eigenen Glaubens, die für einen fruchtbaren interreligiösen Dialog unablässig ist. Kasper und Khorchide zeigen zudem Perspektiven auf für einen fruchtbaren interreligiösen Dialog. Weil dieser auch innerhalb der katholischen Kirche nicht immer selbstverständlich ist, rundet am Ende ein Blick auf Papst Franziskus und sein Verhältnis zum interreligiösen Dialog das Buch ab. Den Anfang macht die Initiatorin des Gesprächs, die deutsche Botschafterin beim Heiligen Stuhl, Annette Schavan, mit einer kurzen Hinführung zum Thema.

Bereits vor der Veranstaltung entstand die Idee, das Gespräch anschließend in Buchform zu veröffentlichen, um so einem breiten Publikum die Chance zu bieten, mit in den Dialog über »Barmherzigkeit im Christentum und Islam« einzusteigen. Ich danke der Botschafterin der Bundesrepublik Deutschland beim Heiligen Stuhl, Annette Schavan, sowie den beiden Hauptprotagonisten des Dialogs, Kardinal Walter Kasper und Professor Mouhanad Khorchide, für die Zustimmung zur Publikation sowie für die Geduld bei der Entstehung des vorliegenden Buches. Beim Patmos-Verlag lag das Werk bei Ulrich Sander in besten Händen. Auch dafür vielen Dank.

Jetzt liegt es in den Händen der Leserinnen und Leser, den Gesprächsfaden aufzunehmen, den Kardinal Kasper und Professor Khorchide an jenem Sommerabend in Rom zu spinnen begonnen haben. Wenige Wochen später gab es beim Päpstlichen Institut für Arabische und Islamische Studien (PISAI) in Rom eine wissenschaftliche Tagung zur Barmherzigkeit in den Religionen. Das zeigt: Es liegt Potenzial in dieser interreligiösen Brücke, das noch längst nicht ausgeschöpft ist. Der Bau hat gerade erst begonnen. Er wird vermutlich nicht ohne Rückschläge auskommen; doch am Ende sind es die Brücken, die zukunftsfähig sind, nicht die Mauern. Mauern schaffen Leid und Misstrauen; Brücken verbinden und schaffen Raum. Daher lohnt es sich, an diesem Brückenbau mitzuarbeiten.

Barmherzigkeit als Schlüsselkategorie der islamischen Lehre

MOUHANAD KHORCHIDE

Wenn wir vom barmherzigen Gott sprechen, dann sprechen wir von einem personalen, kommunikativen, dialogischen Gott, der den Menschen mit Mitteln der Liebe und Barmherzigkeit zu sich ruft. Ein Gott, der die Welt bedingungslos in Freiheit aus seiner Barmherzigkeit heraus erschaffen hat mit dem Ziel, andere Freiheit zuzulassen. Es handelt sich in der Gott-Mensch-Beziehung um ein dialogisches Freiheitsverhältnis. Gott ist dem Menschen zugewandt, er freut sich für ihn und mit ihm, trägt die Sorge des Menschen und leidet mit ihm mit.

Das Gottesbild des Korans
Die islamische Tradition hat in vielen ihrer Positionen diesen personalen Gott zugunsten eines weniger sympathischen Gottesverständnisses vernachlässigt. Es entstand das Bild eines statischen Gottes, der zwar einen freien Willen besitzt und allmächtig

ist, aber keine Emotionen hat und entsprechend kein Mitgefühl zeigen kann. Diese Vorstellung eines statischen Gottes geht auf die griechische Philosophie (Platonismus, Neuplatonismus, Aristoteles' »unbewegter Beweger«) zurück und hat die islamische Theologie bis heute stark geprägt; allerdings ist die Vorstellung der Unveränderlichkeit Gottes, wie ich Ihnen gleich exemplarisch zeigen möchte, nicht aus dem Koran herauszulesen, sondern eher in ihn hineingelesen worden, im Lichte bestimmter philosophischer Annahmen über die Natur Gottes.

Wenn ich dagegen von einem barmherzigen Gott spreche, der sich auf die Menschen eingelassen hat, dann ist das Verhältnis zwischen Gott und Mensch ein Freiheitsverhältnis. Wenn wir dem koranischen Gottesbild gerecht werden und es entsprechend charakterisieren wollen, müssen wir sagen, dass es personal ist, und wenn es personal ist, dann handelt Gott in einem bestimmten Sinne in der Zeit. Die Gesamtstoßrichtung des Korans zeugt von einem Gott, der sich sowohl um die Welt sorgt als auch um sie Bescheid weiß sowie in die Welt eingreift, Dinge tut und sagt, Gebete erhört und sich sogar von den Menschen bestimmen lässt. Ein Gott, der barmherzig ist und somit dem Menschen gegenüber von Ewigkeit her bedingungslos zugewandt ist, ist ein Gott, der von seinem Wesen her auf Beziehung ausgerichtet ist.

Der Koran erklärt: Gott ist nah: »Und wenn dich [Mohammed] meine Diener nach mir fragen, dann sag ihnen: ›Ich bin nah und erfülle den Ruf der Rufenden‹« (Koran 2:186). »Wir [Gott] sind dem Menschen näher als seine Halsschlagader« (Koran 50:16). Des Weiteren erklärt der Koran, dass Gott Freiheit schenkt. Er hat sich selber dazu bestimmt, sich von den Menschen bestimmen zu lassen, und so riskiert er eine entsprechend offene Geschichte mit ihnen. »Gewiss, Gott ändert die Lage eines Volkes nicht, ehe die Menschen nicht selbst ihre Lage ändern« (Koran 13:11).

Es ist Gott wichtig, dass nicht nur er mit den Menschen zufrieden ist, sondern dass auch sie mit ihm zufrieden sind. An den vier Stellen im Koran, in denen es heißt, dass Gott mit den aufrichtig Handelnden zufrieden ist, heißt es weiter: »er ist mit ihnen zufrieden und sie sind mit ihm zufrieden« (vgl. 5:119, 9:100, 58:22, 98:8). Der Koran zeichnet also ein Bild von einem Gott, der sich von den Menschen »evaluieren« lässt und dem es wichtig ist, dass auch sie mit ihm zufrieden sind. An keiner Stelle im Koran ist die Rede davon, dass alleine Gott mit den

Menschen zufrieden sein soll, ohne dass erwähnt wird, dass auch sie mit ihm zufrieden sein sollten.

Gott hat sich in Freiheit dafür entschieden, seine Liebe und seine Barmherzigkeit zu teilen, der Mensch ist dabei als *Kalif* (Koran 2:30) (Statthalter, Verwalter), als Beauftragter bestimmt, der die göttliche Barmherzigkeit und die göttliche Liebe durch sein freies Handeln verwirklicht. Dazu wird der Mensch eingeladen, Gottes Angebot, sein »Partner« zu sein, in Freiheit anzunehmen. Daher betont auch der Koran an vielen Stellen, dass es die Aufgabe von Propheten, die Gesandte Gottes sind, ist, die Menschen lediglich in Freiheit zu Gott einzuladen. Wir können sagen, dass Gott die Menschen mit Mitteln der Freiheit zu sich in Freiheit einlädt, um sie als »Partner« zu gewinnen.

Der Koran spricht nicht nur von einem Schöpfergott, sondern von einem Gott, der in der Zeit handelt und in der Zeit die Menschen hier und jetzt begleitet: »Und Er ist mit euch, wo immer ihr auch seid. Und was ihr tut, sieht Gott wohl« (Koran 57:4).

Der Vers »er [Gott] bringt Menschen, die er liebt und die ihn lieben« (5:54) ist die koranische Entsprechung zu Johannes Duns Scotus' Lehre, wonach Gott Mitliebende sucht.[1] Auf die Frage nach dem Sinn der Schöpfung kommt im islamischen Diskurs dagegen sehr oft die verkürzte Antwort, wonach Gott Menschen erschaffen habe, damit sie ihm dienen. Dabei wird auf die koranische Stelle verwiesen: «Ich [Gott] habe den Menschen und den Dschinn [ein Geistwesen] nur deshalb erschaffen, damit sie mir dienen» (Koran 51:56). Damit dieser Vers aber nicht missverstanden wird – als brauche Gott die Schöpfung für sich selbst und diese sei daher zweckgebunden –, geht der nächste Vers weiter: »Ich will von ihnen keinen Unterhalt haben, und ich will nicht, dass sie mir zu essen geben.« Auch spricht der Koran davon, dass Gott in seiner Eigenschaft als der Barmherzige die Menschen erschaffen hat (Koran 55:1-3). Demnach ist die Schöpfung ein Selbstzweck. Sie geht auf einen freien unableitbaren Entschluss Gottes zurück, der sich in Freiheit für die Schöpfung entschieden hat. Aus diesem Grund hält die islamische Theologie an der Idee der *creatio ex nihilo* fest. Die Schöpfung ist ein freies Handeln Gottes, in der es nicht um Ursache-Wirkung geht. Die Gott-Mensch-Beziehung ist daher nicht durch kau-

---

1 Vgl. H. Kessler, »Sucht den Lebenden nicht bei den Toten«, 291.

sale, sondern durch personale Kategorien zu bestimmen. Gott hätte sich genauso gegen die Schöpfung entscheiden können, und dies hätte nichts an seiner Vollkommenheit und Selbstgenügsamkeit geändert.

Die Liebe Gottes stellt einen Anspruch an den Menschen: die Annahme der Einladung *(da'wa)* Gottes. Die Annahme seiner Liebe und Barmherzigkeit drückt sich in der Bereitschaft des Menschen aus, als ein Medium der Verwirklichung göttlicher Liebe und Barmherzigkeit zur Verfügung zu stehen. Wenn das Ziel der Schöpfung ist, Mitliebende zu gewinnen, die in Freiheit im Sinne der Barmherzigkeit Gottes handeln, dann kann man sagen: Es ist das letzte Ziel der Schöpfung, Freiheit zu ermöglichen. Gott schenkt Freiheit in Freiheit. Die Freisetzung von Freiheit durch Gott geschieht als Selbstzweck. Dahinter steht einzig und allein der freie Entschluss Gottes, andere Freiheit zu wollen. Wer sich in Freiheit für die Freisetzung anderer Freiheit entschieden hat, wird keine Mittel anwenden, die bewerkstelligen, dass die Freiheit selbst eingeschränkt wird.

Ohne Freiheit kann sich keine aufrichtige Liebe zu Gott verwirklichen: »er liebt sie und sie lieben ihn.« Gott beginnt mit sich selbst, um auf die Selbstzusage seiner Liebe hinzuweisen, und je mehr sich der Mensch für die Freisetzung von Freiheit einsetzt, desto mehr wird die Intention Gottes realisiert. Der Einsatz des Menschen für die Freisetzung von Freiheit verwirklicht sich in seinem Handeln im Sinne der Liebe und der Barmherzigkeit. Beide müssen zum Selbstzweck menschlichen Handelns werden.

Das Menschenbild des Korans
Der Mensch ist nicht lediglich ein passiver Empfänger von Liebe, er ist nicht nur Objekt der Liebe, sondern ist zugleich ein Medium der Zusage von Liebe an andere. Er selbst ist ermächtigt, ja auch beauftragt, selber Liebe und Barmherzigkeit anderen zuzusprechen und so selber der Wirklichkeit göttlichen Handelns Gestalt zu verleihen. Gott handelt, indem er Freiheit freisetzt. Daher darf man göttliches und menschliches Handeln nicht in ein Konkurrenzverhältnis zueinander setzen. Der Prophet Mohammed brachte dies folgendermaßen zum Ausdruck: »Im Jenseits wird Gott einen Mann fragen: ›Ich war krank und du hast mich nicht besucht, ich war hungrig und du hast mir nichts zu essen gegeben, und ich war durstig und du hast mir nichts zu trinken gegeben.‹ Der Mann wird daraufhin er-

staunt fragen: ›Aber du bist Gott, wie kannst du krank, durstig oder hungrig sein?!‹ Da wird ihm Gott antworten: ›Am Tag soundso war ein Bekannter von dir krank und du hast ihn nicht besucht. Hättest du ihn besucht, hättest du mich dort, bei ihm, gefunden. An einem Tag war ein Bekannter von dir hungrig und du hast ihm nichts zum Essen gegeben, und an einem Tag war ein Bekannter von dir durstig und du hast ihm nichts zum Trinken gegeben‹«.[2] Diese Erzählung erinnert an das Matthäusevangelium, Kapitel 25, das eine ähnliche Erzählung anführt und anschließend betont: »Was ihr für einen meiner geringsten Brüder getan habt, das habt ihr mir getan.« Gott selbst ist im bedürftigen Menschen gegenwärtig. Jedes menschliche Zeugnis erbarmender Liebe gegenüber dem Mitmenschen ist deshalb eine Antwort auf die Liebe Gottes. Diese Spiritualität befähigt den Menschen, das Antlitz des barmherzigen Gottes im Angesicht jedes Menschen zu erkennen und Gott im Mitmenschen zu dienen. Dort, wo man eine Hand der Barmherzigkeit und der Güte ausstrecken kann, manifestiert sich Gott: Dort ist Barmherzigkeit, dort ist Gott. Dort, wo eine Mutter ihr Kind umarmt; dort, wo man einen Men-

---

2 Überliefert nach Muslim, Hadith Nr. 2569.

schen anlächelt; überall dort, wo man ein Zeichen der Güte, der Liebe und der Barmherzigkeit setzt, dort bewirkt man die Offenbarung von Gottes Barmherzigkeit; dort macht man Gott erfahrbar. Barmherziges Handeln macht Gott gegenwärtig. Der Gläubige dient Gott in dem Sinne, dass er sich als Medium für Gottes Wirken zur Verfügung stellt. Da Gott in der Welt hauptsächlich durch den Menschen eingreift, könnte man zugespitzt sagen: Gott »braucht« den Menschen, um seine Absicht von Liebe und Barmherzigkeit zur Realität zu machen. Diese »Angewiesenheit« Gottes auf den Menschen ist jedoch kein Zeichen der Schwäche, denn Gott ist nicht auf den Menschen angewiesen, um seine Allmacht zu verwirklichen: Gott ist unabhängig vom Menschen allmächtig und barmherzig. Er ist nicht im ontologischen Sinne auf den Menschen angewiesen. Er hat sich in Freiheit für diese Art des Eingreifens in der Welt durch den Menschen entschieden, um die Freiheit des Menschen zu bewahren. Mit »Gott dienen« ist also keineswegs ein Zustand der Bevormundung oder der Versklavung des Menschen gemeint. Menschen dienen Gott, indem sie seiner Schöpfung dienen. Der Dienst an Gott vollzieht sich somit im Dienst an seinen Geschöpfen. Einen Menschen anzulächeln ist ebenso Gottesdienst wie eine Pflanze zu gießen. Jede sinnvolle Handlung, die einen Beitrag zu einem schöneren, friedlicheren, verantwortungsvolleren, erfüllenderen Leben voller Liebe und Barmherzigkeit leistet, ist Gottesdienst. Jede Verringerung von Not und Leid auf der Erde ist Gottesdienst. Es geht beim Gottesdienst somit nicht um Gott, sondern um seine Schöpfung. Man dient Gott, indem man seiner Schöpfung dient. Je mehr man den Geschöpfen dient, desto mehr dient man Gott. Als Medium der Liebe und Barmherzigkeit Gottes zur Verfügung zu stehen, ist der Inbegriff von Religiosität und zugleich ihr Maßstab. Je mehr der Mensch durch seinen Lebensentwurf ermöglicht, dass Gottes Liebe und Barmherzigkeit zu einer Wirklichkeit wird, desto religiöser ist er. Nicht irgendwelche Sätze, die der Gläubige sagt, oder die Zahl der Stunden, die er in der Moschee verbringt, sind entscheidend, sondern entscheidend ist, was Religion aus dem Menschen macht. Macht sie aus ihm ein Werkzeug der Liebe und Barmherzigkeit oder ein Werkzeug der Passivität oder vielleicht sogar des Negativen und des Hasses? Die Vorstellung mancher Gelehrter, wonach Gottesdienst lediglich darin bestünde, bestimmte Rituale wie Beten und Fasten zu verrichten, höhlt die Religion aus, unterbindet jeglichen Bezug zur Lebenswirklichkeit.

Barmherzigkeit als zentrale Kategorie

Was veranlasst uns im Islam von der Barmherzigkeit Gottes zu sprechen, und warum ist gerade Barmherzigkeit eine zentrale Kategorie im Islam? Die Kategorie der Barmherzigkeit ist keine Projektion in den Koran, ich lese sie nicht in den Koran, sondern sie stellt den Selbstanspruch des Korans dar: »Wir haben dich [Mohammed] ausschließlich als Barmherzigkeit für alle Welten entsandt« (21:107). Der Koran selbst erhebt also die Barmherzigkeit zu einer zentralen Kategorie, um die sich alles andere dreht. Gerade eine holistische Lesart des Korans unterstützt diese These. Die Barmherzigkeit ist demnach eine Wesenseigenschaft Gottes. Sie ist die häufigste Eigenschaft Gottes, die im Koran vorkommt. 113 der 114 koranischen Suren beginnen mit der Formel »Im Namen Gottes, des Allbarmherzigen, des Allerbarmers«. Das Einzige, zu dem sich Gott im Koran selbst verpflichtet hat, ist die Barmherzigkeit. In der 6. Sure, Vers 12, heißt es: »Er hat sich selbst der Barmherzigkeit verpflichtet.« Diese Aussage wiederholt sich in derselben Sure im Vers 54. Gott hat sich also in Freiheit gegenüber sich selbst und gegenüber dem Menschen zur Barmherzigkeit verpflichtet. Der Koran beschreibt die Barmherzigkeit Gottes als absolut: Die Barmherzigkeit Gottes »umfasst alle Dinge« (Koran 7:156). So erhebt der Koran Barmherzigkeit zum zentralen hermeneutischen Schlüssel und zum Selbstanspruch des Korans an die Verkündigung Mohammeds (Koran 21:107).

Die Rolle des Korans

Ausgehend von diesem Verständnis eines dialogischen, kommunikativen und personalen Gottes, können wir die Offenbarung, den Koran, als diskursive Offenbarung verstehen. Der Koran ist demnach kein Buch, das vom Himmel gefallen ist, sondern das Ergebnis einer Kommunikation, die im siebten Jahrhundert zwischen Gott und der Gemeinde Mohammeds stattgefunden hat. Durch die spätere Verschriftlichung des Korans ist zwar die Form fixiert, nicht jedoch die Kommunikation zwischen den Gläubigen und Gott, und zwar im Akt des Hörens bzw. Rezitierens des Korans.

Der Koran als Medium und zugleich Produkt der Interaktion des Menschen mit Gott und Gottes mit dem Menschen in seinen unterschiedlichen menschlichen Belangen ist kein Monolog, er ist weder das reine Gotteswort noch das reine Menschenwort, und wenn der Koran sagt: »Wir haben nichts versäumt im Koran« (6:38), dann kann es sich nicht um eine juristische oder normative Ebene handeln im Sinne, dass der Koran alles geregelt und vorgegeben hat, sondern gemeint ist, dass im Koran sowohl die Schwäche des Menschen als auch seine Stärke, seine Wut wie seine Freude, seine Angst wie seine Hoffnung usw. zum Tragen kommen. Der Mensch, jeder Mensch kann sich in jeder Lebenslage im Koran wiederfinden. Das Kriterium der Barmherzigkeit soll aber davor schützen, das Menschenfeindliche in den Koran hineinzuinterpretieren. Da greift der Koran korrektiv ein.

Da nun der koranische Text fixiert ist, wird heute der Akt der Rede, der Kommunikation zwischen Gott und den Menschen nicht mehr im Text fixiert, sondern in der Auslegung. Daher stellt die Exegese heute das Resultat der Kommunikation zwischen Gott und Mensch dar, die sich im Koran beim Lesen bzw. Hören des Korans treffen. Der Koran ist die Bühne, auf der sie sich treffen. Die Exegese gewinnt somit einen dynamischen Charakter, sie sagt nicht, was der Koran meint oder was Gott uns sagen will, sondern sie stellt das Resultat einer Kommunikation der an der Entstehung dieser Exegese jeweils

Beteiligten und Gott dar. Beteiligt sind daran viele, mittelbar und unmittelbar. Alle, die unseren religiösen Diskurs gestalten, prägen auch unsere Kommunikation mit Gott durch den Koran und sitzen mit am Kommunikationstisch.

Barmherzigkeit – christlich und muslimisch

KARDINAL WALTER KASPER

Es ist ein gutes Zeichen, dass in einer Zeit, da wir jeden Tag so viel von Gewalt hören, die Diskussion um die Barmherzigkeit neu entbrannt ist und dass diese Diskussion nicht nur von christlicher, sondern auch von muslimischer Seite geführt wird, der man ja eher das Gegenteil von Barmherzigkeit, nämlich Gewalt, unterstellt. Darum begrüße ich das Buch von Mouhanad Khorchide »Islam ist Barmherzigkeit« (2012). Ich bin kein Fachmann in Islamkunde und kann mir über die Islam-Interpretation von Mouhanad Khorchide kein Urteil erlauben. Ich möchte das christliche Verständnis der Barmherzigkeit darlegen und dann am Schluss einige Fragen stellen zum Verhältnis von christlichem und muslimischem Verständnis von Barmherzigkeit.

Das Wort Barmherzigkeit

Fragen wir zuerst: Was meint das Wort Barmherzigkeit? Das *deutsche Wort* Barmherzigkeit ist ein Lehnwort aus dem Lateinischen: *misericordia*. *Mise-*

ricordia meint ein Herz *(cor)* für die *miseri*, für die Armen (die Armen im weitesten Sinn) haben, ein Herz für die, denen es miserabel, das heißt erbärmlich und erbarmungswürdig geht. Seit dem 8. Jahrhundert findet sich das Wort im Althochdeutschen: *armherzi*, im Bibel-Gotischen: *arma-hairts*.

Ein offenes Herz zu haben meint nicht nur ein mitleidiges Herz zu haben. Es geht der Barmherzigkeit nicht nur um ein passives Mitgefühl, sondern um eine aktive Mithilfe, eine tätige Zuwendung, in der das offene Herz zur offenen ausgestreckten Hand wird und zu flinken Beinen führt, um dort präsent zu sein, wo Not am Mann ist.

In der hebräischen Sprache des Alten Testaments liegt das Schwergewicht nicht auf dem Herzen; der Sitz der Emotionen sind vielmehr die Eingeweide: *rachamin*. Im Deutschen sagen wir ähnlich: »Es dreht mir den Magen herum.« »Es geht mir an die Nieren.« Darüber hinaus steckt in *rachamin* das Wort *rechem*, der Mutterschoß. Barmherzigkeit drückt also Mitgefühl in einem spezifisch fraulich-mütterlichen Sinn aus: *rachamin* meint eine fürsorglich herzliche, ja zärtliche Zuwendung zu denen, denen es miserabel geht.

Das hebräische Wort *rachamin* hat dieselbe Wurzel wie das arabische Wort *rahma* im Koran. Die hebräische und die arabische Sprache sind verwandte Sprachen. Juden und Araber, die sich heute oft als Todfeinde verstehen und begegnen, sind im Grunde Vettern. Der jüdisch-arabische Konflikt ist ein tragischer Familienkonflikt. In demselben Wort für Barmherzigkeit drückt sich genau das aus, woran es im Konflikt zwischen Israel und seinen arabischen Nachbarn trotz ihrer Verwandtschaft gegenwärtig wohl am meisten fehlt.

Letztlich drückt sich in dem Wort Barmherzigkeit eine universal menschheitliche Tradition aus. In allen Kulturen und Religionen findet sich die Goldene Regel. »Was du nicht willst, das man dir tut, das füg auch keinem andern zu«, oder positiv formuliert: »Was du wünscht, dass man dir in einer Notsituation tut, das tu auch einem anderen.« Jesus selbst hat diese Goldene Regel in der Bergpredigt zitiert und sie als Zusammenfassung von Gesetz und Propheten bezeichnet (Mt 7,12). Die Goldene Regel zeigt, dass einfühlsames, mitfühlendes, solidarisches Zusammenleben von Menschen, Kulturen und Religionen in der einen Menschheitsfamilie ein Menschheitskulturerbe ist. Die heutige globalisierte Gleichgültigkeit und erst recht die Gewalttätigkeit ist die Unmenschlichkeit unserer Zeit. Auf der Grundlage der gesamten Menschheitstradition erinnert uns die Bibel daran: Wir sind als Mitmenschen geschaffen, und wir sollen uns darum mitmenschlich, mitfühlend verhalten.

Gottes Barmherzigkeit
Die Bibel wie der Koran gehen über diese anthropologische Grundlage hinaus. Sie sprechen nicht nur über Barmherzigkeit von Mensch zu Mensch; beide sprechen auch oder sogar in erster Linie von der Barmherzigkeit Gottes. Sie sprechen von der Barmherzigkeit des einen und einzigen Gottes, den Christen wie Muslime bekennen. Aber wenn beide das Gleiche sagen, meinen sie dann auch das Gleiche?

In der Bibel begegnet uns Barmherzigkeit von der ersten Seite an, auch dort, wo das Wort Barmherzigkeit noch gar nicht vorkommt: In der Schöpfung der Welt und des Menschen will Gott uns in seiner Güte ohne jegliches Verdienst an seiner Herrlichkeit teilhaben lassen. Nach dem Fall des Menschen wird der Mensch zwar aus dem Paradies vertrieben, aber Gott gibt ihm Felle, mit denen er sich bekleiden kann, um dem Unbill der Witterung, sowohl der Hitze wie der Kälte und dem Regen, zu widerstehen. Nach der Sintflut garantiert Gott das Überleben der Menschheit, indem er den Bestand der kosmischen Ordnung garantiert. Nach dem

Turmbau von Babel und der Zerstreuung der Menschheit beginnt er mit Abraham eine neue Geschichte, welche auf eine neue Sammlung der Menschheit aus allen Völkern ausgerichtet ist. Gott will in seiner Barmherzigkeit nicht den Tod, sondern das Leben des Menschen.

Ausdrücklich begegnet uns das Wort von der Barmherzigkeit bei Mose. Gott offenbart sich am brennenden Dornbusch, als Mose ihn nach seinem Namen fragt, als der »Ich bin da« (Ex 3,14), was heißt: Ich bin da mit euch und für euch, ich bin euer Gott, ihr mein Volk, ich begleite euch auf eurem Weg aus der Sklaverei in Ägypten in die Freiheit. Ausdrücklich offenbart sich Gott als barmherziger Gott in der dritten Offenbarung an Mose: JHWH ist »ein barmherziger und gnädiger Gott, langmütig und reich an Huld und Treue« (Ex 34,6). Dieses Wort begegnet uns im Alten Testament, besonders in den Psalmen, gleichsam wie ein Refrain immer wieder. Es ist die alttestamentliche Grundoffenbarung. Beim Propheten Hosea wird diese Botschaft nochmals gesteigert, indem Gott von sich selbst sagt, er sei barmherzig, weil er *Gott* ist und *nicht ein Mensch* (Hos 11,9). Die Barmherzigkeit ist Erweis des über alles Menschliche erhabenen Gottsein Gottes.

Man kann einwenden, dass sich im Alten Testament nicht wenige Stellen finden, an denen Gott als ein strafender und rächender Gott dargestellt wird. Es finden sich viele Geschichten von Kriegen im Namen Gottes und von blutigen Massakern an anderen Völkern. Die christliche Theologie hat sich damit von Anfang an auseinandergesetzt mit dem Ergebnis, dass die Heilsgeschichte ein langer Weg der Erziehung *(Paideia)* Gottes bedeutet, der erst in Jesus Christus zu seinem Ziel kam. Das Alte Testament ist in sich selbst noch nicht am Ziel und muss daher im christlichen Glauben von Jesus Christus her interpretiert werden. Jesus Christus ist der Auslegungsschlüssel, um zu verstehen, was Barmherzigkeit meint.

Bei Jesus hat Gewalt im Namen Gottes keinen Platz; ganz im Gegenteil: Jesus verurteilt die Gewalttätigen und preist in der Bergpredigt die Gewaltlosen und die Barmherzigen selig: »Selig, die keine Gewalt anwenden« (Mt 5,5). Das Gleichnis vom barmherzigen Samariter ist weit über den christlichen Bereich hinaus sprichwörtlich geworden (Lk 10,25–37). Jesus gebietet, seinem Feind und Übeltäter das Böse nicht heimzuzahlen, sondern zu verzeihen, und das nicht nur einmal, sondern siebenmal siebzigmal (Mt 5,21–26.38–48; 18,22;

Lk 6,27–36). Man soll seine Feinde sogar lieben (Mt 5,43–47). Dem Petrus, der bei der Verhaftung Jesu das Schwert ziehen und zuschlagen wollte, sagt er: »Steck dein Schwert in die Scheide; denn alle, die zum Schwert greifen, werden durch das Schwert umkommen« (Mt 26,52). Er selbst verzeiht vom Kreuz herab seinen Missetätern: »Vater, vergib ihnen, sie wissen nicht, was sie tun« (Lk 23,34). Das ist eine Radikalität, welche sich im Koran und bei Mohammed kaum findet.

Die Barmherzigkeit Jesu zeigt sich auch gegenüber Frauen. Schon nach dem Alten Testament sind Mann und Frau völlig ebenbürtig von Gott nach seinem Bild und Gleichnis geschaffen (Gen 1,27). Jesus begegnet den Frauen in besonderer Weise feinfühlig und barmherzig (Lk 7,36–50; Joh 8,2–11 u. a.). Eine Diskriminierung von Frauen oder gar Gewalt gegenüber Frauen hat darum im Christentum keinen Platz, und wo sie geschehen ist oder geschieht, steht dies in direktem Widerspruch zu Botschaft und Verhalten Jesu selbst.

Diese Botschaft von der barmherzigen Nächstenliebe hat ihre Wurzel in der Botschaft Jesu von Gott, seinem und unserem Vater. Gottes Barmherzigkeit ist bei Jesus ein zentrales, ja *das* Thema seiner Botschaft. Man denke an die bekannte Parabel vom verlorenen Sohn oder besser vom barmherzigen Vater, der den heimkehrenden verlorenen Sohn schon erwartet und ihm entgegengeht, ihn umarmt und ihn in seine vollen Sohnesrechte einsetzt (Lk 15,11–32). Ähnliches sagt das Gleichnis vom Hirten, der die 99 Schafe zurücklässt, um das eine verlorene Schaf zu suchen, und wenn er es gefunden hat, auf seine Schultern nimmt, um es zurückzutragen (Lk 15,3–7). Das Neue Testament fasst zusammen: »Gott ist reich an Barmherzigkeit« (Eph 2,4), Gott ist Liebe (1 Joh 4,8.16).

Diese Liebe geht so weit, dass Gott in seinem Sohn herabgestiegen, selbst schwacher armseliger Mensch geworden ist (Joh 1,14) bis zum schmählichen Tod am Kreuz (Phil 2,6–8). Am Kreuz setzt er sein Leben ein und gibt es hin für uns (Mk 14,24 par.; 1 Kor 11,24f.; 15,3). Das sind Aussagen von einer Radikalität, die sich im Koran so nicht finden, die im Gegenteil im Koran – so wie ich ihn verstehe – direkt ausgeschlossen werden. In dieser bis zum Äußersten gehenden Barmherzigkeit Gottes ist die Radikalität der Forderung Jesu nach Barmherzigkeit begründet. Sie lautet zusammengefasst bei Jesus: »Seid barmherzig, wie euer Vater im Himmel barmherzig ist« (Lk 6,36).

Theologische Reflexion

Gott ist Liebe. Das bedeutet: Er ist kein strafender, zorniger, rächender Gott. Er ist ein Gott, der sich fürsorglich und barmherzig jedem Menschen zuwendet und ihm immer wieder neu eine Chance gibt. Die große Theologie und vor allem die Frömmigkeit des Volkes haben um die Bedeutung der Barmherzigkeit Gottes immer gewusst. Erst die jüngere Theologie hat sie fast ganz vergessen.

Neu anknüpfen können wir an Thomas von Aquin. Mit ihm gehen wir aus von der Aussage: »Gott ist absolute Güte«; »Gott ist Liebe.« Er ist kein starrer, sondern ein lebendiger, relationaler Gott, der uns nicht etwas, sondern in seiner Liebe sich selbst schenkt. *Selbstmitteilung* ist Gott zunächst trinitarisch in sich selbst. In seinem Handeln nach außen ist er sich selbst treu. Die Barmherzigkeit ist Ausdruck dieser Treue und damit der Spiegel seines inneren Wesens, das Liebe ist. Durch seine barmherzige Selbstoffenbarung dürfen wir sozusagen ins Herz des uns Menschen verborgenen Geheimnisses Gottes hineinschauen; sie ist gewissermaßen der Spiegel der Trinität. Alle Werke Gottes nach außen sind Ausfluss seiner Barmherzigkeit.

Dies gilt vor allem vom Höhepunkt der Selbstmitteilung Gottes nach außen in der Menschwerdung Gottes in Jesus Christus bis hin zum Kreuz. Dort geht er, der lebendige Gott, in seiner Barmherzigkeit paradoxerweise ein in das Gegenteil seiner selbst, in den Tod, um uns, dir wir dem Tod verfallen sind, aus dem Tod zum neuen Leben zu erwecken. Gottes Allmacht zeigt sich, wie es in einem Kirchengebet heißt, nicht in niederdrückender und unterdrückender Gewalt, sondern im Schonen und Verzeihen, das nach Thomas ein noch größeres Werk ist als die Schöpfung von Himmel und Erde. Sie ist das Geschenk des neuen Lebens in der versöhnten und verklärten neuen Schöpfung (2 Kor 5,17; Gal 6,15).

Barmherzigkeit im Christentum und Islam

Alles bisher Gesagte zeigt: Es gibt Gemeinsamkeiten zwischen Christentum und Islam, so wie Professor Khorchide ihn darstellt. Diese Gemeinsamkeiten verlangen nicht nur gegenseitige Toleranz, sondern gegenseitigen Respekt; sie ermöglichen ein friedvolles Zusammenleben und eine Zusammenarbeit zwischen Christen und Muslimen. Gemeinsam können sie sich für eine gerechtere und für eine barmherzigere Welt einsetzen. Zu dieser Zusammenarbeit hat schon das Zweite Vatikanische Konzil aufgefordert. Sie brauchen wir in unserer von Krisen geschüttelten Welt mehr als alles andere und dringender als wohl je zuvor.

Über dieser Gemeinsamkeit darf man jedoch die Unterschiede nicht vernachlässigen; auch das verlangt der Respekt. Trinität, Menschwerdung, Kreuz und Auferstehung Jesu – alles zentrale Inhalte des christlichen Bekenntnisses – kennt der Koran nicht, ja lehnt er entschieden ab. Das christliche Verständnis der Barmherzigkeit ist darum nicht nur im Verständnis der zwischenmenschlichen Barmherzigkeit wesentlich radikaler als der Islam, sondern auch im Verständnis der Barmherzigkeit Gottes.

In beider Hinsicht ist christlich jede Gewalt im Namen Gottes ausgeschlossen. Die entscheidende Frage ist also: Barmherzigkeit im Verständnis Mohammeds oder in der Nachfolge Jesu? Barmherzigkeit im Verständnis Mohammeds schließt Gewalt nicht aus, und Mohammed hat sie vor allem in der Zeit in Medina oft geübt, und radikale Muslime berufen sich darauf bis zum heutigen Tag. Es ist kaum Zufall, dass heute in mehrheitlich muslimischen Ländern oft Christen diskriminiert, unterdrückt und verfolgt werden, während umgekehrt von Verfolgungen von Muslimen durch Christen heute nicht gesprochen werden kann.

Also: Gegenseitige Toleranz, Respekt und Zusammenarbeit selbstverständlich Ja. Synkretistische gegenseitige Vereinnahmung: Nein. Und schließlich die herzliche wie dringende Bitte an die Muslime, sich dem Thema der Religionsfreiheit zu öffnen, und Religionsfreiheit, die heute in Ländern christlicher Tradition den Muslimen selbstverständlich gewährt wird, den Christen in mehrheitlich muslimischen Ländern ebenfalls zu gewähren. Nur auf dieser Basis gegenseitiger Freiheit und gegenseitigen Respekts sind ein wirklicher Dialog und ein friedvolles Zusammenleben möglich.

Gespräch über Barmherzigkeit

JÜRGEN ERBACHER   Gott ist Barmherzigkeit, sagen Sie, Herr Professor Khorchide, als Islamtheologe. Kardinal Kasper sagt dasselbe. Das könnte den Schluss nahelegen, dass man an dieser Stelle sehr schnell zu einer Einigung kommen und sagen könnte: Wir sprechen von ein und demselben Gott. Zugleich wurde aber in den beiden Einführungen deutlich, dass es so einfach nicht zu sein scheint. Wer ist jetzt wirklich dieser Gott? Kardinal Kasper hat die Frage nach der Trinität angesprochen und die Frage nach der Menschwerdung Gottes, die sich nach christlichem Verständnis in Jesus Christus vollzieht. Ein Gott, der Mensch wird – ist das für den Islam vorstellbar?

MOUHANAD KHORCHIDE   Der Gedanke, dass Gott Mensch geworden ist und für die Sünden der Menschen stirbt, ist ein äußerst sympathischer Gedanke. Das steht außer Frage. Das ist ein Gott, der sich selbst auch opfert und sagt: »Ich opfere mich für die Menschen.« Der Islam teilt zwar diese Ansicht, dass Gott Mensch geworden ist, nicht, liefert aber eine funktionale Äquivalenz dazu, denn nach dem Islam offenbart Gott sein Wort im Koran. Ich gehe aber zunächst ein Stück zurück zum Thema der Relationalität in Gott, also der Frage nach der Trinität. Hier habe ich eine Rückfrage an Kardinal Kasper. Er hat etwas angesprochen, was auf christlicher Seite immer wieder betont wird: Gott könne nicht anders als barmherzig sein, weil Gott in sich selbst schon durch diese innere Relationalität, also durch die Trinität, die Liebe sei.

Wenn wir jetzt Anselm von Canterbury heranziehen, der sagt: »Gott ist immer größer als alles, das gedacht werden kann«, ist dann nicht im Sinne Anselms ein Gott größer, der sagt: »Ich könnte anders handeln, aber in Freiheit entscheide ich mich dafür, dass ich euch, den Menschen, gegenüber barmherzig sein möchte. Auch gegenüber den Ungerechten möchte ich barmherzig sein, nicht im Sinne der Vergebung, sondern im Sinne des Rufs an die Ungerechten, sie mögen einsichtig sein, sich vervollkommnen?« – wäre ein solcher Gott nicht größer als der »trinitarische Gott«, der quasi nur barmherzig sein kann, weil er in sich schon Liebe und Barmherzigkeit ist? Wenn jemand fragt, wie das sei mit dem barmherzigen Gott und zu wem Gott denn vor der Schöpfung barmherzig gewesen sei, dann ist das Problem im Christentum durch die

Trinitätsvorstellung schnell gelöst. Demnach ist Gott in sich selbst relational strukturiert und war somit sich selbst gegenüber in Ewigkeit barmherzig. Mit anderen Worten: Die Liebe ist in ihm drinnen verwirklicht, auch ohne die Schöpfung.

Ich würde aus islamischer Perspektive sagen: Natürlich gibt es auch Relationalität in Gott im Sinne der verschiedenen Eigenschaften Gottes. Alle Gelehrten, auch die traditionellen, sind sich einig, dass Gott Wesenseigenschaften besitzt, wie etwa, dass Gott sieht und hört, dass er allwissend ist. Aber das sind Eigenschaften, die auf Beziehung hin ausgerichtet sind. Wenn Gott sieht, stellt sich die Frage: Was hat er in der Ewigkeit gesehen? Es gab ja nichts zum Sehen oder zum Hören, denn es gab die Schöpfung noch nicht.

Aus islamischer Perspektive kann ich sagen, dass sich Gott in Freiheit selbst zur Barmherzigkeit bestimmt hat. Eben dies unterstreicht der Koran an zwei Stellen[1], wenn er sagt, dass sich Gott selbst der Barmherzigkeit verschrieben hat. Die Barmherzigkeit ist also nicht Wesensbeschreibung Gottes vor aller Schöpfung, sie ist nicht ontologisch gesehen notwendig in Gott, sondern sie ist durch Gott in

---

1   Koran 6:12 und 6:54.

Freiheit gewählt. Und genau das ist das Unveränderliche an Gott: sein Versprechen, barmherzig zu sein. Der Mensch kann darauf vertrauen, er kann sich im Leben und Sterben darauf verlassen, dass Gott barmherzig ist, weil Gott dem Menschen das versprochen hat.

Wenn Gott nicht im ontologischen Sinne die Barmherzigkeit oder die Liebe ist, dann kann ich ihn als Muslim als barmherzig denken, ohne ihn trinitarisch denken zu müssen. Der Koran spricht vom Wort Gottes, dem Logos, aber im Sinne von Gottes direkt gesprochenem Wort. Damit meine ich nicht das von uns Menschen gehörte Wort; vielmehr verwendet der Koran diese Kategorie des Sprechens Gottes als Medium der Verwirklichung von Gottes Willen/Freiheit. Daher heißt es im Koran: »Unser Wort, das wir zu einer Sache sprechen, wenn wir sie wollen, ist nur: ›Sei!‹ und sie ist« (16:40). Da Gott sich selbst in Freiheit zur Barmherzigkeit verpflichtet hat, hat er sich dazu entschieden, sein Wort durch die Barmherzigkeit zu bestimmen. Dieses Wort manifestiert sich in der Schöpfung, aber auch in verschiedenen Offenbarungen Gottes. Der Koran ist in diesem Sinne das Wort Gottes, aber auch Jesus, der im Koran ebenfalls als das »Wort Gottes« bezeichnet wird. Jesus als Mensch ist selbst die

Manifestation des gesprochenen Wort Gottes, er ist in dem Sinne ein Gesandter Gottes, weil er selbst der Überbringer der göttlichen Botschaft ist, die sich in ihm manifestiert. Jesus ist selbst die Lehre, die er verkündet.

Gott braucht nicht barmherzig zu sein, um sich zu vervollkommnen, sondern er offenbart sich dem Menschen, damit der Mensch etwas davon hat, als Ausdruck der Barmherzigkeit. Und deshalb die Rückfrage, ob Gott sich nicht selbst beschränkt, wenn ich die Barmherzigkeit im Kontext der Trinität denke.

JÜRGEN ERBACHER   Herr Kardinal, beschränkt sich Gott selbst, weil er letztendlich keine andere Wahl hat, als barmherzig zu sein, da die Barmherzigkeit nach außen letztendlich nur die Konsequenz der Liebe und Barmherzigkeit im »Innern« Gottes ist?

WALTER KASPER   Gott ist Liebe. Liebe ist nur in Freiheit möglich. Liebe ist also ein Akt der Freiheit. Gott ist absolute Freiheit und Freiheit, die sich in der Liebe verwirklicht. Insofern ist da keine Notwendigkeit, dass er so sein muss. Wenn Gott in sich Freiheit in der Liebe ist, dann braucht er den Menschen nicht. Dann ist es umso mehr seine Freiheit, sein Geschenk, seine Gnade, wie wir Christen dann auch sagen, dass er sich mitteilen will. Er braucht es nicht; er ist in sich selbst glücklich. Aber er will dieses Glück schenken.

Wenn Gott auf Relation hin bezogen ist, wie Sie selbst sagen, Herr Professor Khorchide, aber nicht in sich selbst schon Relation ist, dann braucht er notwendig den Menschen. Dann ist er auch nicht mehr frei, weil er den Menschen braucht, um sozusagen seine Relation zu verwirklichen. In diesem Fall stellt sich die Frage: Ist er dann noch Gott? Nach unserem christlichen Verständnis braucht Gott den Menschen nicht; aber er will ihn aus seiner Liebe heraus.

Ich persönlich sehe keine andere Möglichkeit, Gott als in sich relational zu denken, als die Trinitätslehre. Nur hier ist er in sich vollkommen frei und kann Gott sein. Er ist dann umso größer, weil er den Menschen einbeziehen will und sich ihm mitteilen will, ihm schenken will, ja ihn teilnehmen lassen will an seinem Glück und an seiner Seligkeit. Mit dem Begriff der Liebe hat man Freiheit und Wesen sozusagen zusammengedacht, ohne dass an den Stachel »Notwendigkeit« zu denken ist.

Als ich Ihre Ausführungen gelesen und gehört habe, habe ich mich gefragt, wie das denn sei im

Islam: Braucht Gott sozusagen den Menschen, um sich in dem, was er will, verwirklichen zu können? Oder muss Gott sich zur Freiheit und zur Liebe entscheiden? Aber was war er dann vorher? Dann gibt es ja eine Entwicklung in Gott selbst. Das erscheint mir mit dem Begriff Gott dann schwierig in Einklang zu bringen sein.

MOUHANAD KHORCHIDE   Wir sind uns einig darin, dass ein Gott, der den Menschen braucht, kein Gott ist. Das steht außer Frage. Auch ein Gott, der sich erst vervollkommnen wird durch die Schöpfung, ist kein Gott. Da sind wir uns definitiv einig. Der Koran beschreibt verschiedene Eigenschaften Gottes, die eine gewisse Relationalität in Gott widerspiegeln, um die Einheit in Differenz zu bewahren. Das heißt aber keineswegs, dass Gott auf die Schöpfung angewiesen ist, um sich erst zu vervollkommnen. Ich möchte hier auf den Begriff des »Wortes Gottes« zurückkommen, der auch der christlichen Theologie vertraut ist und über den wir uns vielleicht ziemlich nahekommen. Im Koran wird der Begriff »Wort Gottes« oder »Wort« sehr oft gebraucht. Teilweise ist das für Muslime auch irritierend, weil im Koran Jesus als das »Wort Gottes« bezeichnet wird, sogar als »Wort und Geist Gottes«.

Nun sind sich die traditionellen islamischen Gelehrten einig, dass das Wort Gottes eine Wesenseigenschaft Gottes ist. Deshalb vertreten sie die Position, wonach der Koran ein ewiges Wort Gottes ist. Damit meinen sie aber nicht das gelesene oder das gehörte Wort Gottes, das ist nur die äußere geschaffene Form des Wortes; sie meinen die innere Rede Gottes *(kalam nafsi)*, diese göttliche Rede ist ewig und manifestiert sich in unterschiedlichen Formen der Offenbarung. Der muslimische Gelehrte al-Bāqillānī (gest. 1013) hat zum Beispiel zwischen dem Koran als ewiger Lehre (Potentialität) und innerer Rede Gottes *(Kalam nafsi)* – das ist der Sinngehalt, der in allen Offenbarungen der gleiche ist – auf der einen Seite und der konkreten sprachlichen Gestaltung des Korans – also dem geschichtsgebundenen Gehalt des Wortes Gottes – auf der anderen Seite unterschieden. Für ihn ist ersteres das ewige unerschaffene Wort Gottes, während letzteres die in der Zeit erschaffene äußere Form dieses Wort Gottes ist. Wir können also sagen, dass das Wort Gottes eine überzeitliche transzendente und eine zeitgebundene immanente Seite besitzt.

Also auch islamisch lässt sich begründen, dass diese Entscheidung Gottes zur Schöpfung der Menschen in dem Wort Gottes beinhaltet ist und dass das Wort Gottes auch – weil Gott überzeitlich ist – ein ewig gesprochenes Wort in Gott ist, zu dem Gott auch in Beziehung steht. Da sind wir Muslime und Christen uns sehr nahe, auch wenn wir Muslime vom gesprochenen Wort Gottes sprechen würden und nicht von Hypostasen im Sinne der Trinitätslehre. Diese Sicht ist nicht etwa eine moderne Entwicklung innerhalb der islamischen Theologie; vielmehr ist das die genuin traditionelle islamische Theologie seit dem 7./8. Jahrhundert.

Dieses Verständnis von »Wort Gottes« gehört im Islam zur Idee der Relationalität, die dadurch auch die Vollkommenheit Gottes begründet. Er hat sich in Freiheit dafür entschieden, dass sein Wort ein Wort der Barmherzigkeit ist. Deshalb spricht der Koran davon, dass Gott sich selbst der Barmherzigkeit verschrieben hat. So ergeben sich dann die Vollkommenheit Gottes, die Würdigung des Menschen und seiner Freiheit sowie die Freiheit Gottes, ohne dass Gott auf die Schöpfung angewiesen ist. Übrigens finde ich Ihre Ausführung, lieber Herr Kardinal, Gott in Kategorien der Freiheit zu denken, sehr wichtig. Das ist für die islamische Theologie noch nicht konsequent zu Ende gedacht. Wir Muslime müssen uns mehr stark machen für den koranischen Gott, eben das ist der personale Gott, der freie Gott, der seine Beziehung zum Menschen als Freiheitsverhältnis bestimmt hat.

Mir ist klar, dass diese Vorstellung sowohl christlich als auch islamisch für Komplikationen sorgt. Wie muss man sich das vorstellen: ein ewiger unbedingter Gott, der wiederum in der Zeit wirkt und meine Gebete hier und jetzt erhört? Dazu kommt noch die Frage nach der Freiheit des Menschen, die damit verbunden ist. Da haben wir im Islam einige offene Baustellen, etwa in der Frage der Determination oder in der Frage, wie man die Allwissenheit Gottes und die Freiheit des Menschen zusammendenken kann. Allerdings betrifft gerade die letztgenannte Frage genauso das Christentum wie den Islam. Das sind Themen, an denen christliche wie muslimische Theologen zum Teil noch arbeiten. Dazu gehört etwa auch die Frage: Wie verstehe ich die Welt: pantheistisch, panentheistisch, dualistisch? Da gibt es unterschiedliche theologische Modelle und Ansätze, meines Erachtens unabhängig von der Religionszugehörigkeit der Theologen, daher sollten solche und weitere theologische Fragen uns ermutigen, gemeinsam Theologie zu betreiben und nach überzeugenden Antworten zu suchen, die dann jeder in seiner eigenen Tradition stark machen kann.

WALTER KASPER Ich muss vorausschicken, dass ich kein Islamfachmann bin. Was Sie als Ihre Interpretation des Islams hier vortragen, ist sehr sympathisch. Ich bin auch dankbar, dass diese Deutung vorgetragen und entwickelt wird, weil sie eine Grundlage sein kann für das praktische Verhältnis zwischen Muslimen und Christen in unserer Welt. Es ist daher wichtig, dass solche Theologien, wie Sie sie vortragen, entfaltet werden. Aber das, was Sie vortragen, unterscheidet sich sehr von dem, wie man den real existierenden Islam erfährt und was man über ihn liest. Dabei gehe ich natürlich nicht nur davon aus, was in den Zeitungen steht und was im Fernsehen gesendet wird, sondern auch, was in wissenschaftlichen Büchern der Islamkunde zu lesen ist. Da finde ich das Gottesverständnis nicht in der Weise, wie Sie es vertreten.

Die Frage ist nun einfach die, die ich am Schluss gestellt habe: Wenn wir davon ausgehen, dass Gott Freiheit ist und dem Menschen Freiheit schenkt, sodass er sozusagen in Freiheit Gott antworten kann und frei ist, Ja oder Nein zu sagen zu Gott, dann muss ich eben auch die Möglichkeit in Betracht ziehen, dass der Mensch Nein sagen kann zu Gott. Das ist ja das Abgründige menschlicher Freiheit. Wenn das so ist, wie Sie es sagen, dann müsste eigentlich der Islam auch eine Religion der Freiheit sein, der Andersgläubigen, die im Koran als die Ungläubigen bezeichnet werden, diese Freiheit lässt und sie respektiert und anerkennt. Dabei geht es dann um das Grundprinzip der Moderne: die Religionsfreiheit. Das ist meine Überzeugung: Wenn ich um meine Freiheit weiß, kann ich auch die Freiheit des Andersdenkenden, der anders entscheidet, anerkennen. Warum ist das für den Islam so schwierig? Im real existierenden Islam findet man diese Anerkennung der Freiheit im Ernstfall faktisch kaum.

Wir lassen beispielsweise zu, dass hier bei uns Moscheen gebaut werden. Aber umgekehrt ist es in den mehrheitlich islamischen Ländern faktisch nicht möglich, Kirchen zu bauen. Ich darf nicht einmal ein Kreuz an meinem Revers tragen. Ich darf nicht einmal eine Bibel haben. Ich habe drei Ausgaben des Korans in meiner Bibliothek, die ich ohne Weiteres besitzen und auch weitergeben darf; aber wenn ich nach Saudi-Arabien komme, darf ich meine Bibel nicht mitnehmen.

Wenn man den Islam so interpretiert, wie Sie es tun, ist das nicht nur sympathisch, sondern führt auch zu Anknüpfungspunkten in der Lehre. Es führt zwar nicht zur christlichen Trinitätslehre, aber es ist der Hypostasenlehre im Spätjudentum ähnlich. Die Frage bleibt aber: Warum finden wir das nicht in der Praxis, im real existierenden Islam? Ist das Zufall? Ist das Zurückbleiben oder haben Sie Aussicht, dass Ihre Theorie, Ihre Auslegung und Interpretation des Islams durchsetzungsfähig ist bei Ihnen?

MOUHANAD KHORCHIDE   Zur Frage der Freiheit eine kurze Anmerkung: Die Geschichte von Adam und Eva wird im Koran in der 2. Sure ab Vers 30 beschrieben. Allerdings gibt es einen kleinen Unterschied zwischen der Darstellung im Koran und der in der Bibel. Der ist jetzt für das Gespräch unbedeutend, aber für die Theologien und ihre Entwicklung ist er schon wichtig, islamisch wie christlich. In der Version des Korans wurde beiden, Adam und Eva, nachdem sie vom Baum gegessen hatten und einsichtig waren, dass sie gesündigt hatten, unmittelbar vergeben. Deshalb gibt es etwa keine Erbsündenlehre im Islam. Zentral ist aber in dieser Erzählung, dass Gott vorher ankündigt, er werde den Menschen auf der Erde und nicht im Paradies erschaffen. Allerdings erschafft er ihn zunächst im Paradies und wartet, bis er irgendwann »Nein« sagt zu Gott, also sündigt. Und dann sagt er ihm im übertragenen Sinne: »Jetzt, wo du weißt, dass du auch ›Nein‹ sagen kannst, jetzt kannst du auf die Erde gehen.« Der Koran stellt dies keineswegs als Sanktion dar, denn der Mensch war von Beginn an für das Leben auf der Erde gedacht. Und jetzt war der Mensch bereit, weil er nun das Bewusstsein der eigenen Freiheit hatte. Er weiß, er kann Nein sagen. Er ist keine Marionette, er ist nicht determiniert.

Im Koran wird damit deutlich, warum Freiheit das konstitutive Moment des Menschseins ist. Ohne Freiheit ist der Mensch noch kein Mensch. Der Mensch ist erst Mensch geworden, als er gesündigt hat, als ihm bewusst wurde, ich kann auch zu Gott Nein sagen, ich bin also mit Freiheit ausgestattet, mich selbst zu bestimmen. Und wenn ich sündige, aber einsichtig bin, wird mir vergeben. Ohne Freiheit hat der Mensch nicht die Kompetenz, ein Medium der Verwirklichung von Gottes Intention der Liebe und Barmherzigkeit zu sein. Nur wenn der Mensch mit Freiheit ausgestattet ist, kann er in Freiheit Gottes Barmherzigkeit durch sein eigenes Handeln hier und jetzt in der Welt realisieren. Das bestätigt den Stellenwert der Freiheit, so wie ich den Islam und den Koran verstehe.

Sie haben auf der anderen Seite vollkommen recht, dass in der realen islamischen Welt, zum Teil aber auch in der Theologie, nicht nur die politische, sondern auch die persönliche Freiheit des anderen nicht oder nur zum Teil gewährleistet ist. Das hängt vor allem mit dem Problem des religiösen Exklusivismus zusammen, der innerislamisch leider längst nicht nur beim sogenannten IS und den Salafisten, sondern auch im Mainstream islamischer Theologie stark verankert ist.

Der religiös begründete Exklusivismus besteht darauf, dass außerhalb der eigenen Religion keine heilshafte Erkenntnis der transzendenten Wirklichkeit bzw. Offenbarung vermittelt werden kann. Anderen Religionen kommt somit keine heilsvermittelnde Funktion zu. Nach diesem Verständnis sind nur Muslime von der Gnade Gottes betroffen, alle anderen sind für die Ewigkeit verdammt. Der Exklusivismus ist allerdings nicht mit dem eigenen Wahrheitsanspruch zu verwechseln, dieser kann zwar, muss aber nicht exklusivistisch vertreten werden. Denn wenn ich daran glaube, dass meine Religion der Weg zur Wahrheit ist und für sich die Wahrheit beansprucht, bedeutet das nicht zwangsläufig, dass es nicht andere Wege zur Wahrheit gibt. Damit relativiere ich keineswegs meinen Wahrheitsanspruch.

Der Exklusivismus ist nicht nur deshalb problematisch, weil er eine Belastung für unser Zusammenleben ist. Noch viel schwieriger ist das Gottesbild, das dieser Idee als Grundlage dient. Wenn ich als Muslim ein Exklusivist bin, glaube ich an einen gewalttätigen Gott, der Nicht-Muslime nur dessentwegen bestraft, was sie sind, nicht dessentwegen, was sie verbrochen haben. Sie können wunderbare Menschen sein wie Mutter Teresa oder andere, die vieles Gute in unserer Welt geleistet haben. Trotzdem gilt: Pech gehabt. Sie haben die falsche Überschrift, den falschen Titel: »Nicht-Muslim«. Das ist das Problem des religiösen Exklusivismus, der leider noch stark im islamischen Denken verbreitet ist.

Das Aufkommen des sogenannten IS hat dieses Denken zum ersten Mal in der neueren Geschichte stark erschüttert. Muslime haben angefangen, sich nicht nur vom sogenannten IS zu distanzieren, sondern sich die Frage zu stellen, ob dessen Anhänger überhaupt Muslime sind. Die Menschen beobachten, dass die IS-Anhänger an Gott glauben, beten wie alle Muslime und den Koran lesen und trotzdem diese Gräueltaten im Namen des Islams verüben. Warum sollten sie keine Muslime sein? Man merkt plötzlich, dass zum Muslimsein offensichtlich doch mehr gehört als ein rein dogmatisches Bekenntnis. Es gehört nämlich das Bezeugen des Glaubens durch das Handeln dazu. Im Umkehrschluss stellt sich dann allerdings die Frage, was ist mit Menschen, die Gottes Liebe und Barmherzigkeit verwirklichen, obwohl sie verbalisieren, dass sie keine Muslime sind, ja vielleicht noch nicht einmal an Gott glaubende Menschen sind. Ich denke hier an die Idee von den »anonymen Christen«, von denen Karl Rahner sprach, oder den anonymen Gläubigen allgemein, also Menschen, die nie von Religion oder von Gott gehört haben oder ein verzerrtes Bild von Gott haben. Was ist mit diesen Menschen?

Nun werden heute die Stimmen im islamisch-theologischen Diskurs immer lauter, die ein differenzierteres Denken fordern. Das gilt selbst für das eher konservative Lager wie etwa Saudi-Arabien, weil man auch dort sicherheitspolitisch durch den Extremismus betroffen ist. Die Frage wird immer stärker: Wer sagt, dass nur Muslime dieses Privileg haben? Wer sagt, dass Nicht-Muslime nicht in den Himmel kommen? Gleichzeitig gibt es immer öfter die Überzeugung, dass man Freiheit nicht nur dulden oder tolerieren muss, sondern anerkennen und akzeptieren. Ich denke, dass die 5. Sure des Korans, die übrigens die letztverkündete Sure kurz vor dem Tod Mohammeds ist, im Vers 48 dies auf den Punkt bringt. Dort steht, es sei von Gott gewollt, dass es Verschiedenheit gebe, dass es unterschiedliche Wege zu ihm gebe. Für mich als Muslim gehört das zu meinem Wahrheitsanspruch, daran zu glauben, dass es unterschiedliche Wege zu Gott gibt. Meine Freiheit ist außerdem nur dann verwirklicht, wenn ich andere Freiheit zulasse und anerkenne. Der Koran ist schon in seinem Wortlaut stark inklusivistisch, er verspricht nicht nur Muslimen die ewige Glückseligkeit, sondern auch Christen und Juden, aber auch anderen, wie dies in Sure 2, Vers 62, oder Sure 5, Vers 69, nachzulesen ist.

Allerdings hat sich dieses inklusivistische Denken innerhalb der islamischen Theologie bisher nicht sehr weit durchgesetzt. Das sehen wir selbst in Deutschland. Das Bildungssystem sieht vor, dass man eine Lehrerlaubnis braucht, um an der Universität islamische Theologie unterrichten zu können; diese kann auch entzogen werden. Im Falle der islamischen Theologie in Münster wird diese von einem Beirat erteilt, in dem auch die muslimischen Verbände vertreten sind. Ein Hauptproblem, das zum Beispiel meine Kritiker mit mir haben, ist genau dieser Teil meines Islamverständnisses, wo ich meine, dass der Islam nicht exklusivistisch zu denken sei. Man hört immer wieder die Position: »Nein, wir verstehen den Islam als eine exklusivistische

Religion.« Es wäre fatal, wenn ein Religionslehrer, um eine Lehrerlaubnis zu bekommen, auch so exklusivistisch denken müsste. Es wird also leider noch im 21. Jahrhundert in Deutschland zum Teil von manchen verlangt, den Islam exklusivistisch zu verstehen. Das kann ich mit meinem religiösen Gewissen nicht vereinbaren.

Ich sehe allerdings schon eine große Chance, dass sich das inklusivistische Verständnis des Islams durchsetzt, dass es also eine Öffnung hin für die Freiheit des anderen geben wird. Das wird meines Erachtens gerade durch die Entwicklungen der letzten Jahre begünstigt. Denn die Frage wird immer stärker gestellt, wer überhaupt berechtigt ist zu entscheiden, wer von Gottes Gnade betroffen ist und wer nicht. Aber ich muss zugeben, wir stehen hier noch am Anfang einer Entwicklung, auch weil leider machtpolitische Faktoren eine Rolle spielen.

Ein weiteres Thema ist noch zu beachten, auf das ich aber nicht näher eingehen möchte. Das betrifft das kollektive Gedächtnis vieler Muslime, das von Erinnerungen an die Kolonialzeit geprägt ist. Dadurch wird in weiten Teilen der islamischen Welt der »Westen« als Feindbild wahrgenommen. Dies verhindert eine wirkliche Öffnung diesem »Anderen« gegenüber. Dieses Sich-Verschließen gegenüber dem anderen betrifft im Übrigen nicht nur Nichtmuslime, sondern genauso andersdenkende Muslime. Natürlich gibt es aber Unterschiede zwischen den einzelnen islamischen Ländern. In Marokko oder im Libanon beispielsweise kann ich meine Positionen viel freier vortragen als in den Golfstaaten, vor allem in Saudi-Arabien. In Indonesien würde ich ganz offen sprechen können. Das gilt auch für Bosnien. Aber je nachdem, in welchem Land ich bin, müsste ich auch als Muslim genau überlegen: Welchen Satz sage ich und welchen nicht, welche Position kann ich wie ansprechen und auf welche Themen muss ich verzichten, um überhaupt wieder heil nach Hause zurückzukommen.

JÜRGEN ERBACHER   Wobei ja selbst in Deutschland die Kritik sehr scharf ist an Ihren Positionen, Herr Professor Khorchide. Da wurde Ihnen auch schon »Beleidigung muslimischer Identität« vorgeworfen.

MOUHANAD KHORCHIDE   Weil der Islam nicht wie die Kirchen organisiert ist, werden in Deutschland die muslimischen Verbände als Ansprechpartner für die Universitäten einbezogen. Dieses Modell mit einem konfessionellen Beirat ist aus meiner Sicht nicht unproblematisch. Aus einer dezentralen

Religion wie dem Islam soll also eine zentral und hierarchisch organisierte Religion werden. Ich sehe hier die Gefahr, dass die für den Islam typische Bandbreite an theologischen Positionen und Argumenten durch die Zwangshomogenisierung verlorengehen könnte. Die innerislamische Vielfalt, die in den letzten 1400 Jahren als Bereicherung gesehen und gefördert wurde, wird dadurch bedroht. Es ist aber gerade die Stärke des Islams, dass er keine zentralen Strukturen kennt, was im Grunde zu seiner inneren Pluralität beiträgt.

Wir muslimischen Theologen würden uns wünschen, dass wir eine Regelung in Deutschland haben, die dem Selbstverständnis des Islams als dezentral organisierter Religion, die keine Hierarchien und keine fixen Strukturen kennt, gerecht wird. Ich mache mir Sorgen um meine Religion, wenn ich sehe, wer in Deutschland alles meint, für den Islam zu sprechen. Um für den Islam zu sprechen, muss man die entsprechende Expertise mitbringen, aber auch das notwendige Verständnis dafür, was es heißt, den Islam als Theologie, als akademisches Fach an der Universität, zu betreiben. Da geht es nicht um Verkündigung von Wahrheiten, sondern um die rationale Reflexion des Glaubens. Ähnliches gilt auch für den islamischen Religionsunterricht an öffentlichen Schulen. Hier geht es darum, junge Menschen zu befähigen, ihren Glauben selbst zu entwickeln und selbst zu reflektieren.

WALTER KASPER Also ich wünsche von Herzen, dass Sie mit Ihrer Islam-Interpretation durchkommen. Das wäre ein großer Erfolg und ein großer Vorteil für unser Zusammenleben in Deutschland und in Europa, gerade angesichts der Tatsache, dass heute so viele Muslime in Europa leben. Aber ich möchte auf das Problem des Exklusivismus und Inklusivismus zurückkommen. Ich habe mit Interesse in Ihrem Buch gelesen, jeder, der sozusagen »Ja« sagt zur Barmherzigkeit Gottes und aus dieser Barmherzigkeit heraus auch selbst lebt, der ist ein Muslim. Da dachte ich: Bin ich ein anonymer Muslim? Sie ein anonymer Christ? Sie möchten das nicht sein, ich kein anonymer Muslim. Sie haben dann weiter ausgeführt, Muslimsein im spezifischen Sinn ist natürlich mit den fünf Säulen des Islams verbunden, dem Bekenntnis zu dem einen und einigen Gott, den täglichen fünf Gebeten, der Wohltätigkeit, dem Fasten und der Pilgerfahrt nach Mekka. Zentral ist dabei das Bekenntnis zu Allah, zu Gott, als dem einzig wahren Gott, und zu Mohammed als seinem Propheten.

Mit Mohammed als Propheten haben Sie ein Kriterium, wenn es um die Frage geht: Wer ist ein Muslim? Auf christlicher Seite ist das Kriterium: Wer Jesus Christus nachfolgt, der ist ein Christ. Daraus ergibt sich: Wer aus der Barmherzigkeit Gottes lebt und Jesus Christus nicht nur als Propheten, sondern als Inbegriff, Verwirklichung und gleichsam Inkarnation dieser Barmherzigkeit annimmt. Wir haben also dann, Sie bei Mohammed, wir bei Jesus Christus, das Kriterium. Selbstverständlich wissen wir, dass wir Christen nicht immer die Barmherzigkeit so gelebt haben, wie Jesus sie gelebt und uns geboten hat. Christen haben auch schreckliche Dinge getan im Laufe der Geschichte mit den Kreuzzügen, mit den Religionskriegen, mit der Häretikerverfolgung. Das haben wir leider Gottes getan, und das muss man offen zugeben. Aber es gibt eben dieses Kriterium »Jesus«. Bei Jesus ist mit Gewalt überhaupt nichts zu machen, es ist ausgeschlossen für Christen, sich für Gewalt auf Jesus zu berufen.

Hier ist ein Unterschied zu dem Kriterium »Mohammed«. Wie ist das zu bewerten? Sie sagen, man müsse unterscheiden zwischen dem Propheten und dem Staatspräsidenten. Jesus war kein Staatspräsident, und er hat es auch nicht sein wollen. Sie wollten ihn ja zum König machen. Er hat es abgelehnt. Auch das ist ein bezeichnender Unterschied. Wir haben also zwei Kriterien genannt, die grundsätzlich unterschiedlich sind: für uns Jesus Christus, wie er gelebt hat, wie er gestorben ist, was er für uns heute bedeutet. Bei Ihnen ist das Kriterium Mohammed als Prophet, nicht als Staatspräsident, aber auch nicht als Sohn Gottes. Deshalb würde ich mich nicht gerne als anonymen Muslim bezeichnen und Sie sich sicher nicht als anonymen Christen. Die Identitäten sind verschieden. Das zeigt sich an dem benannten Kriterium. Mit dem Kriterium Jesus ist Gewalt und all das, was damit verbunden ist, ausgeschlossen, auch wenn die Christen sich nicht immer daran gehalten haben.

JÜRGEN ERBACHER   Herr Professor Khorchide, ist Herr Kardinal Kasper ein anonymer Muslim?

MOUHANAD KHORCHIDE   Also gerade diese Aussage im Buch ist vor allem an Muslime gerichtet. Denn Sie, Herr Kardinal, haben zu Recht gesagt, es werde im Koran sehr oft von den Ungläubigen gesprochen. Allerdings muss man beachten, dass das eine fatale Fehlübersetzung ist. Der Koran spricht an keiner Stelle von Ungläubigen, sondern von

Muslimen, von Polytheisten, von Christen, von Juden oder, wie es oft heißt, den Leuten der Schrift. An manchen Stellen ist dann von den »Leugnern« die Rede, also denen, die die Wahrheit erkannt haben und sie dennoch leugnen. Das hat nichts mit Unglaube zu tun. Dieses Wort »Leugner«, im Arabischen *kafir* oder im Plural *kafirun,* wird meistens mit »Ungläubige« übersetzt. Es gibt einige Übersetzungen des Korans ins Deutsche, etwa die von Muhammad Asad, die das Wort richtig übersetzen mit »Leugner«. Die Ausführungen in meinem Buch sind an die Muslime gerichtet, weil der Koran nicht nur die Anhänger Mohammeds als Muslime bezeichnet, sondern etwa auch Abraham, Mose, Noach und andere. Selbst die Anhänger Jesu werden im Koran als Muslime bezeichnet. Muslime in dem Sinne, wie ich das erklärt habe: Gläubige, die sich zu Gott bekennen.

Nehmen Sie einfach nur den arabischen Begriff »Islam«, die deutsche Übersetzung ist »Hingabe«, also ist ein »Muslim« jemand, der sein Leben auf Gott hin ausrichtet. Ich glaube, Sie und alle gläubigen Menschen würden sagen: Ja, ich sehe mich schon als gläubigen Menschen. »Muslim« ist nur das arabische Wort dafür. Der Begriff »Muslim« hat damit zwei Bedeutungen: Einmal bezeichnet er ganz allgemein die an Gott Glaubenden, und daneben ist er eine konkrete Konfessionsbezeichnung für die Zugehörigen zu einer bestimmten Religion, dem Islam. Meine Botschaft mit dieser Aussage ist nun primär an die Muslime gerichtet, die vom Exklusivismus stark geprägt sind, um sie an die koranische inklusivistische Position zu erinnern, nicht jeden, der nicht an Mohammed als Propheten glaubt, als Ungläubigen abzustempeln. Der Koran tut dies eben nicht. Nicht jeder, der den Titel »Muslim« nicht trägt, ist für die ewige Hölle gedacht, sondern es gibt Nichtmuslime, die ebenfalls fromme und gläubige Menschen sind. Vielleicht kann man es mit einer Entwicklung vergleichen, die auch im Christentum und näherhin in der katholischen Kirche vollzogen wurde. Wenn ich daran erinnern darf, gab es dort vor dem Zweiten Vatikanischen Konzil auch diese offenen »Baustellen«, etwa mit dem Exklusivismus, zum Teil auch Muslimen und Juden gegenüber. Ich glaube, das sind Entwicklungen und Prozesse in den Religionen. Die islamische Theologie steht hier noch am Anfang dieses Prozesses. Auch wenn ich öfters scherze und sage, wir sind die kleine Schwester, also die 500 Jahre jüngere Religion, so hoffe ich doch, dass wir nicht 500 Jahre brauchen werden, bis wir den Exklusivismus hinter uns lassen. Aber das sind Prozesse, die ihre Zeit brauchen.

Ich möchte noch etwas Wichtiges zu Mohammed sagen. Ich glaube nicht, dass Mohammed auf muslimischer Seite das Kriterium sein kann, wie es Jesus bei Ihnen ist. Für Jesus mag das in Bezug auf das Christentum zutreffen, weil es klare Aussagen zu seiner Person gibt. Mohammed kann nicht so ein Kriterium sein, weil wir Muslime doch ziemlich wenig über sein Leben wissen. Es wird beispielsweise sehr oft sein Geburtsdatum mit 570 datiert. Wenn Sie aber die historisch-kritische Forschung zu Mohammeds Leben sehen, haben sie Angaben von plus oder minus 40 Jahren. Wann er genau gelebt hat, wissen wir also nicht. Der Autor der ersten Biografie, die uns heute vorliegt, ist etwa 830 gestorben. Mohammed ist 632 gestorben. Es liegen also 200 Jahre dazwischen. Der Biograf berief sich wiederum auf einen Kriegschronisten Namens Ibn Ishaq, der selbst 767 gestorben ist. Da waren auch schon über 100 Jahre seit dem Tod Mohammeds vergangen. Dieser Chronist hatte zum ersten Mal versucht zusammenzutragen, welche Kriege es im 7. Jahrhundert gegeben hat. Sein Ziel war es, Mohammed nach seinen Kriterien zu glorifizieren. In seinen Augen musste Mohammed die meisten

Kriege geführt und am meisten Menschen umgebracht haben. Alles, was der Chronist geschrieben hat, geht in diese Richtung, sodass er innerislamisch sogar als unauthentisch klassifiziert wurde. Als Originalquelle sind seine Schriften nicht erhalten. Wir kennen sie nur über diese erste uns heute zugängliche Biografie des Gelehrten namens Ibn Hishām, der etwa 830 gestorben ist. Er sagt: Mein ganzes Material, das ich habe, habe ich von dem Chronisten bekommen. Daraus hat er die Biografie geschrieben. Das heißt: Auch die Biografie Mohammeds, die wir heute haben, ist ziemlich wenig authentisch. Sie enthält zudem außerordentlich viel widersprüchliches Material. Das veranlasst manche Forscher sogar, die historische Existenz Mohammeds infrage zu stellen. In Deutschland wird diese These etwa von Professor Karl-Heinz Ohlig und anderen vertreten. Auch mein Vorgänger in Münster in der Ausbildung von islamischen Religionslehrern, Sven Kalisch, tut das. Weil die Quellenlage sehr dünn ist, lässt sich diese Position sogar argumentativ untermauern, auch wenn sie meines Erachtens ziemlich weit hergeholt ist und auch wissenschaftlich etwas spekulativ ist. Weil aber das historische Material so dünn ist, ist es schwierig, Mohammed als Kriterium in dem von Ihnen ausgeführten Sinn zu nehmen.

Denn die Extremisten bei uns berufen sich dann auf ein ganz bestimmtes Bild von Mohammed, eben als Kriegsherr, genauso wie die Kritik an Mohammed oder dem Islam sich darauf konzentrieren. Der Vorwurf lautet dann: Ja, schau mal was Mohammed alles angestellt hat. Er griff des Öfteren zur Gewalt, um Menschen zu bekehren und so weiter.

Deshalb ist mein Hauptkriterium diese Aussage an Mohammed im Koran: »Wir [Gott] haben dich Mohammed ausschließlich als Barmherzigkeit für alle Welten entsandt« (Koran 21:107). Das ist der Selbstanspruch des Korans an Mohammed, eine Botschaft der Barmherzigkeit zu sein. Wenn ein Prophet einen göttlichen Auftrag hat, eine Botschaft der Barmherzigkeit zu sein, kann er nicht Menschen einfach so umgebracht haben. Zugegeben, auf der anderen Seite gibt es im Koran Stellen, die Gewalt ansprechen. Die entscheidende Frage ist aber: Sind das Imperative an mich heute, als Glaubender gegen Nicht-Muslime vorzugehen, oder sind das deskriptive Aussagen, wie die Gemeinde damals mit militärischen Angriffen gegen sie umgegangen ist und wie die Gemeinde sich gewehrt hat? Denn meines Erachtens haben alle diese Stellen im Koran, die Gewalt ansprechen, eher eine Haltung der Selbstverteidigung. Es geht um Situationen, in denen Mohammed und seine Leute angegriffen wurden.

Natürlich können Sie jetzt argumentieren und sagen, nein, Jesus hätte sich auch nicht militärisch gewehrt. Aber der Kontext ist ein anderer. Was für mich als Theologen heute wichtig ist, ist eben diese Stellen historisch zu kontextualisieren. Es geht darum, solche Stellen im Koran nicht als Imperative zu lesen in dem Sinne »So ist das!« oder »So sagt mir der Koran, dass ich das heute so machen muss!« Ich lese sie rein deskriptiv: Das war in der Geschichte. So wie die Christen die Gewaltstellen im Alten Testament nicht als Imperativ an Christen heute verstehen, sondern etwa als historische Zeugnisse. Also diese Stellen im Koran sind nur im historischen Kontext zu verorten. Diese historische Leseart ist enorm wichtig für den Koran, um eben gerade diese Gewaltstellen zu entschärfen.

JÜRGEN ERBACHER Diese Art der Interpretation des Koran ist aber höchst umstritten!?

MOUHANAD KHORCHIDE Das stimmt, aber die historisch-kritische Lesart der Bibel ist auch gerade 100 oder etwas mehr Jahre alt. Sie war am Anfang nicht unumstritten. Irgendwie muss man den Anfang machen. Durch die Etablierung der islamischen Theologie bei uns an der Universität Münster haben wir auch eine Postdoktoranden-Forschungsgruppe. Dort haben wir vor ein paar Jahren in Zusammenarbeit mit unserem Exzellenz-Cluster »Religion und Politik« ein für uns wichtiges Koranprojekt gestartet. Es geht um einen historisch-kritischen Koran-Kommentar. Erste Ergebnisse werden bereits 2017 zu sehen sein. Wir wollen den ganzen Koran in etwa zwölf Bänden kommentieren. Vielleicht wird das eine oder andere umstritten sein. Aber in 100 oder 150 Jahren ist man in der islamischen Welt vielleicht froh, dass man diesen Kommentar hat. Alle werden das dann hoffentlich rezipieren, darauf aufbauen und mehr machen. Das ist in meinen Augen ein wichtiger Schritt.

FRAGE AUS DEM PUBLIKUM Ich finde das Anstößige an der Barmherzigkeit ist eigentlich die Frage nach der Gerechtigkeit. Meine Frage an beide wäre: Wie kann man das zusammenbringen: Barmherzigkeit und Gerechtigkeit?

JÜRGEN ERBACHER Herr Kardinal Kasper, wie verhalten sich Barmherzigkeit und Gerechtigkeit zueinander? Schließen sie sich gegenseitig aus?

Wenn ich gegenüber einem Täter barmherzig bin, bin ich dann nicht zwangsläufig ungerecht gegenüber dem Opfer?

WALTER KASPER   Das ist eine typisch moderne, heutige Frage. Das wird deutlich, wenn man etwa Thomas von Aquin liest und sieht, in welchem Kontext er die Barmherzigkeit behandelt. Er behandelt sie nicht, wie das heute oft in katholischen Lehrbüchern geschieht, im Zusammenhang von Gerechtigkeit. Barmherzigkeit behandelt er unter dem Thema der *caritas,* der Liebe. Sie ist für ihn ein Ausdruck der Liebe. Wenn man dann Thomas von Aquin genau liest, sagt er: Gott ist selbstverständlich, weil er Gott ist, nicht an unsere menschlichen Regeln der Gerechtigkeit gebunden. Er ist gerecht mit sich selber, treu zu sich selbst. Treue zu sich selbst ist nach Thomas von Aquin Liebe. Daher ist die Barmherzigkeit die wahre Gerechtigkeit Gottes und umgekehrt: Die Gerechtigkeit Gottes ist seine Barmherzigkeit.

Umgekehrt kann man auch sagen, wie das schon die alten Römer festgestellt haben: Die bloße Gerechtigkeit, die *summa iustitia,* kann die *summa iniustitia,* eine große Ungerechtigkeit, bedeuten. Ein Leben bloß nach den Regeln der Gerechtigkeit wird sehr unmenschlich. Ich habe vor einiger Zeit ein Buch gelesen über die Sowjetunion, eine Gesellschaft ohne jegliche Barmherzigkeit, ohne jedes Mitleid. Aber die Folge war, dass auch die Gerechtigkeit mit Füßen getreten worden ist. Wir sind froh, dass wir in einem Rechtsstaat leben, einem Sozialstaat. Aber ohne Menschen, die die Augen offen haben für neue Nöte, für neue Situationen, also ohne Menschen, die barmherzig sind, funktioniert auch der Sozialstaat nicht. Man braucht sozusagen, damit die Gerechtigkeit immer wieder auch neuen Situationen angepasst wird, Menschen, die Barmherzigkeit haben. Insofern kann man das biblische Verständnis – die Gerechtigkeit Gottes ist seine Barmherzigkeit – auch auf den Christen übertragen. Wenn ich bloß formal erfülle, was ich dem anderen schulde, wird es furchtbar kalt in unserer Gesellschaft. Ich werde den anderen Menschen nur wirklich gerecht, wenn ich mich mit Empathie und Sympathie ihm zuwende und dann spüre, was in dieser Situation für diesen Menschen das Richtige ist. Barmherzigkeit und Gerechtigkeit sind keine Gegenbegriffe. Man könnte es vielleicht so sagen: Die Gerechtigkeit ist das Minimum dessen, was wir einander schulden. Aber auf dieser Minimumebene können wir uns nicht bewegen. Wir müssen darüber hinausgehen und den Menschen in die Augen schauen und ergründen, was sie brauchen. Das heißt, wir müssen barmherzig sein. Das ist das Maximum dessen, was von uns verlangt wird.

JÜRGEN ERBACHER   Herr Professor Khorchide, wie sehen Sie aus islamischer Perspektive das Verhältnis von Barmherzigkeit und Gerechtigkeit?

MOUHANAD KHORCHIDE   Ich kann mich ohne Weiteres dem anschließen, was Kardinal Kasper gesagt hat. Ich möchte eine Ergänzung machen, weil immer wieder auch die Frage gestellt wird, wie ist es im Jenseits: Ist Gott da barmherzig oder gerecht? Darauf möchte ich sagen: Es ist nicht das Entweder-Oder – also: Ist Gott barmherzig *oder* gerecht? –, sondern er ist gerecht, weil er barmherzig ist. Barmherzigkeit ist demnach mehr als nur Gerechtigkeit. Barmherzigkeit ist nicht die vergebende Gnade Gottes im Sinne von »grünes Licht für Sünde« und der Vorstellung »Gott ist nicht gerecht«. Und mit Blick auf die Täter? Sagt er Ihnen: »Das ist kein Problem, ich bin barmherzig, ich erbarme mich über alle«? Das entspricht nicht der islamischen Vorstellung des Jenseits. Hier gibt es vielmehr die Konfrontation mit den eigenen Verfehlungen mit dem

Ziel der Transformation des Menschen. Es geht also um die Vervollkommnung des Menschen aus der Barmherzigkeit Gottes, weil Gott alle in seine Gegenwart, in die ewige Glückseligkeit, ins Paradies aufnehmen möchte. Gott ist nach dieser Vorstellung nicht nur daran interessiert, Gerechtigkeit wiederherzustellen, indem man Täter nur bestraft. Es geht nicht um Strafe. Es geht konkret um die Konfrontation mit der eigenen Verfehlung, um Einsicht zu bewirken.

Es gibt natürlich auch, in der christlichen wie der islamischen Theologie, lange Debatten über die Art postmortaler Freiheit. Dabei geht es vor allem um die Frage, ob wir nach dem Tod noch die Freiheit haben, uns zu entscheiden, ob wir vergeben oder nicht, oder ob wir uns verweigern können, uns in Freiheit vervollkommnen zu lassen. Das sind theologische Debatten, die an dieser Stelle unberücksichtigt bleiben. Aber wichtig ist der Gedanke, dass Gott zwar an Gerechtigkeit interessiert ist und er sie auch wiederherstellen wird. Aber noch mehr ist er aus seiner Barmherzigkeit heraus interessiert an der Vervollkommnung auch des Täters, aller Menschen.

FRAGE AUS DEM PUBLIKUM Herr Professor Khorchide, Sie haben so schön die Barmherzigkeit Gottes dargestellt. Wie erklären Sie, dass der Islam keine Mutter Teresa hervorgebracht hat?

MOUHANAD KHORCHIDE Natürlich hat die islamische Tradition, die mittlerweile auch schon eine 1400-jährige Geschichte aufweist, viele Gestalten hervorgebracht, die auch sozial gewirkt haben. Das gilt besonders für die Mystiker. Denken Sie an die Mystikerin Rābiʿa al-ʿAdawiyya al-Qaysiyya, die den berühmten Satz gesagt hat: »Am liebsten möchte ich das Paradies mit Feuer entzünden und die Hölle mit Wasser löschen, damit die Menschen aufhören, pragmatisch zu sein, Gott nur aus Angst vor einer Strafe oder aus Hoffnung auf Belohnung anzubeten.« Die Menschen sollten nicht gute Werke tun, weil sie ins Paradies kommen wollten oder Angst vor der Hölle haben, sondern schlicht um der Liebe willen, so ihre Position. Es gibt diese Gestalten auch im Islam. Sie sind aber weniger bekannt oder eben vor allem im islamischen Raum bekannt.

Auf der anderen Seite möchte ich aber selbstkritisch sagen: Natürlich hat das auch etwas mit dem Verständnis des Islams zu tun, das sehr weit verbreitet ist. Wenn man nicht von einem dialogischen Gott ausgeht, kommt die soziale Dimension des Glaubens weniger zum Tragen. Dann heißt es: Ich gehe in die Moschee, ich setze mich mehrere Stunden hin, bete viel, ich habe viele Punkte gesammelt und kann mir erlauben, mich weniger sozial einzubringen. Dieses Verständnis eines Buchhalter-Gottes, der verherrlicht werden will, öffnet natürlich den Raum dazu, Religiosität in dem Sinne misszuverstehen, dass es nicht um das geht, was ich durch meine Taten bezeuge, sondern darum, wie viele Punkte ich sammle, etwa durch mein Gebet oder das Lesen im Koran. Natürlich sind das Gebet und weitere religiöse Rituale wichtig, aber eben nicht als Selbstzweck oder als Medium der Verherrlichung Gottes.

Ich erinnere an die Erzählung des Propheten Mohammed, von der ich in der Einführung gesprochen habe, nach der Gott im Jenseits dem Menschen sagt, dass er krank, hungrig und durstig gewesen sei, und die mit dem Verweis auf die Rolle des Menschen als Partner Gottes, seine Intention zu verwirklichen, endet (ein ähnliches Verständnis wie im 25. Kapitel des Matthäusevangeliums).

Für mich ist diese Erzählung des Propheten auch eine Schlüsselaussage für mein Verständnis vom Islam. Das bedeutet: In der Religiosität kommt es darauf an, inwieweit ich ein Werkzeug der göttlichen Liebe und Barmherzigkeit bin. Damit ist keinesfalls gemeint, aus dem Islam einen reinen Humanismus ohne Gott zu machen. Es geht nicht nur darum, ein guter Mensch zu sein. Wir brauchen folglich im Islam auch stärker das Bewusstsein, dass Glaube nicht einfach nur dogmatisch zu verstehen ist. Dass es nicht nur darum geht, welche Sätze ich wiederhole, dass ich meine Rituale und Gebete verrichte oder im Ramadan faste. Sondern es geht entscheidend darum, wie ich meinen Glauben bezeuge. Was macht der Glauben aus mir, was machen die religiösen Rituale aus mir, wie bezeuge ich den Glauben durch mein Handeln? Eine solche Herangehensweise muss sich noch stärker durchsetzen im Islam, und das versuchen wir auch in der Ausbildung der Religionslehrer in Deutschland entsprechend umzusetzen.

FRAGE AUS DEM PUBLIKUM Herr Professor Khorchide, wir hatten jetzt ein wenig den Eindruck, dass Sie ein bisschen allein dastehen in Deutschland. Gibt es an anderen Orten des Islams Vertreter, die den Islam so verstehen, wie Sie ihn verstehen? Vielleicht zumindest in Ansätzen?

MOUHANAD KHORCHIDE Ich sehe mich überhaupt nicht so allein. Wir haben an unserem Zentrum in

Münster mittlerweile 750 Studierende. Wir haben ganz klein angefangen. Unsere Prorektorin für Lehre hat uns dieses Jahr die Statistik vorgestellt, wie viele muslimische Abiturienten sich seit Oktober 2012, als wir mit den Studiengängen angefangen haben, beworben haben: Das waren seitdem 4600 Studierende[2]. Wir haben leider nicht genügend Platz für alle. Bisher haben wir 750 Studierende aufgenommen, und im Oktober 2016 starten 220 weitere. Also sind wir bald fast bei 1000 Studierenden in Münster. Was heißt das? Warum nenne ich diese Zahlen? Weil das Multiplikatoren in die Gesellschaft hinein sind. Gerade diese jungen Menschen sagen mir: »Herr Khorchide, wieso hat uns bis jetzt keiner von diesem barmherzigen Gott erzählt? Ich wurde religiös erzogen und es hieß immer: Wenn du das und das nicht tust, schickt dich Gott in die Hölle, verbrennt dich, macht dieses und jenes mit dir. Deshalb bete!« Sie beten, weil sie Angst haben, dass mit ihnen später dieses und jenes in der Hölle geschieht.

Dieses Gottesbild wird leider nach wie vor sehr stark in der islamischen Welt vermittelt. Durch diese schwarze Pädagogik vertreiben wir auch unsere Ju-

---

[2] Stand September 2016; Stand Januar 2017: 6500.

gendlichen von der eigenen Religion. Allerdings ändert sich in letzter Zeit zum Glück einiges. Wenn ich sehe, dass die jungen Menschen froh sind, wenn sie von diesem dialogischen Gott hören, macht mich das optimistisch für die Zukunft.

Mich hat sehr positiv überrascht, dass der Großscheich der Al-Azhar-Universität in Kairo, Ahmad Mohammad al-Tayyeb, eine der wichtigsten Autoritäten im sunnitischen Islam, uns im März 2016 in Münster besucht hat. Er hat das ganz gezielt gemacht. Ich hatte im Vorfeld seines Deutschlandbesuchs nicht damit gerechnet. Auf die Frage der »Frankfurter Allgemeinen«, weshalb er nicht die muslimischen Verbände besucht habe, dann wäre er doch über alles informiert, antwortete er: Ich bin gekommen, um explizit auch das Zentrum für islamische Theologie am Standort Münster zu unterstützen. Da er eine eher konservative Institution vertritt, ist es schon interessant, wenn er eigens nach Münster kommt, um ein Zeichen zu setzen und zu sagen: Wir brauchen diese Form des Islams, wir brauchen die starke Rezeption der Barmherzigkeit. Macht weiter, wir unterstützen euch, soweit wir können. Ähnlich hatte sich schon der persönliche Berater des Groß-Scheichs der Al-Azhar bei der Eröffnung unseres Zentrums in Münster geäußert. Er sagte damals: Wenn es Änderungen im islamischen Diskurs geben wird, dann nicht ausgehend von uns, sondern von euch. Wir sind an bestimmte Strukturen gebunden und stehen unter einem gewissen Druck. Wir haben nicht die demokratischen Möglichkeiten, zu forschen und Wissenschaft zu betreiben wie ihr. Deshalb brauchen wir euch mehr als ihr uns. Das zeigt, dass die islamische Welt langsam verstanden hat, dass wir eben auch diesen dialogischen oder offenen Islam mehr brauchen als den exklusivistischen, der leider noch sehr verbreitet ist.

JÜRGEN ERBACHER   Vielleicht eine kurze Zwischenfrage: Herr Kardinal Kasper, Sie betonen immer wieder, dass die »Barmherzigkeit auch in der katholischen Kirche oder im Christentum eine ein bisschen vergessene Größe« ist. Sie haben es vorhin auch schon angedeutet. Wird sie sich in der katholischen Kirche durchsetzen?

WALTER KASPER   Die Barmherzigkeit ist eine vergessene Größe *in der jüngeren Theologie.* Das kann man auch bibliografisch feststellen. Aber jeder, der sozusagen aufwächst in der katholischen Kirche, bekommt etwas von dieser Barmherzigkeit mit, wenn er beispielsweise in die Heilige Messe geht.

Da kommt das *Kyrie eleison,* »Herr, erbarme dich«, vor. Dort singt er das *Agnus dei,* »Lamm Gottes, erbarme dich unser«. Das heißt: Der Gedanke ist in der Liturgie schon immer präsent gewesen. Das gilt auch für die Volksfrömmigkeit. Jeder, der ehrlich sein Gewissen erforscht, merkt, dass er auf Barmherzigkeit angewiesen ist, auf die Barmherzigkeit Gottes, aber auch auf barmherzige Mitmenschen. Das Thema war auch in der großen Theologie, vor allem in der mystischen Theologie schon immer präsent; aber in der amtlichen, sagen wir mal in der Schultheologie der letzten Jahrzehnte war es vergessen. Gott sei Dank ist das nun, vor allem seit dem Zweiten Vatikanischen Konzil, wieder in den Vordergrund gestellt worden.

Das geschieht nicht erst durch Papst Franziskus. Er hat es in der ganzen Breite populär gemacht. Aber schon Papst Johannes XXIII. hat zu Beginn des Konzils gesagt: Heute sind nicht die Waffen der Strenge, der Rigorismus gefragt, sondern die Arznei der Barmherzigkeit. Damit hat er den pastoralen Ton für das Konzil schon bei der Eröffnungsrede vorgegeben. Paul VI. fragte sich in seiner letzten Ansprache vor den versammelten Konzilsvätern 1965, was die Spiritualität des Konzils sei. Seine Antwort ist deutlich: das Gleichnis vom barmherzigen Samariter. Da sind die Linien schon gelegt für die Rückbesinnung auf das Thema Barmherzigkeit. Dann kommt Johannes Paul II. mit seiner Enzyklika *Dives in misericordia*, »Über die göttliche Barmherzigkeit«. Es gibt eine Richtung seit dem Zweiten Vatikanischen Konzil, ja man kann schon sagen eine Tradition auch aller Päpste bis hin zu Franziskus. Der eröffnet nun eine Epoche, in der die Barmherzigkeit im Vordergrund steht. Das geschieht auch als Antwort auf die Bibel und als Antwort auf die schlimmen Zeichen der Zeit, die wir momentan erleben. Daran muss sich das Christentum in Zukunft bewähren. Wir haben die Basis der Heiligen Schrift, die Basis bei Jesus selbst und dann in der ganzen Frömmigkeitstradition. Ich bin fest überzeugt, das wird sich durchsetzen. Nur darf man die Barmherzigkeit nicht im rein romantischen, oberflächlichen Sinn verstehen. Die Barmherzigkeit ist eine sehr fordernde Tugend. Sie geht bis hin zur Feindesliebe, geht bis zum Verzeihen des anderen. Das ist nicht das Allerleichteste. Wenn manche meinen, Barmherzigkeit sei so ein verbilligtes Christentum zum Mindestpreis, ist zu antworten: Nein, Barmherzigkeit ist sehr fordernd und wird uns auch herausfordern.

Auf den Islam bezogen bin ich dankbar für das, was Herr Professor Khorchide sagt. Denn darin erkenne ich Anfragen, die von christlich-theologischer Seite schon immer gestellt sind. Die Muslime müssen anfangen, auch den Koran historisch-kontextuell zu lesen. Er ist ja nicht einfach so vom Himmel gefallen, sondern damals in einer ganz bestimmten Situation in Südarabien entstanden. Er hat sich dann auch entwickelt, wie sich das Alte und Neue Testament entwickelt haben, die auch nicht auf einmal vorlagen.

Da sind auf islamischer Seite Bewegungen im Gang, über die wir dankbar sind. Bei allen Unterschieden, die da sind und die bleiben werden, müssen wir zu einer Situation kommen, dass wir nicht nur einander tolerieren, sondern respektieren, schätzen und in dem, was wir gemeinsam haben, auch zusammenarbeiten. Das hat schon das Zweite Vatikanische Konzil gesagt: Man soll die Streitigkeiten der Vergangenheit und die Vorurteile vergessen. Man soll zusammenarbeiten im Interesse einer gerechteren und einer barmherzigeren Welt. Wenn wir dahin kommen, dann haben wir vieles geschafft. Aber es wird natürlich ein weiter Weg sein. Auch wir haben im Christentum lange Zeit gebraucht, bis wir die historisch-kritische Interpretation der Bibel anerkannt und zugelassen haben. Das wird auch im Islam nicht von heute auf morgen möglich sein. Wir können nur Glück wünschen, dass es so kommt. Denn das ist wichtig für ein gutes Zusammenleben beider Seiten, wobei die Identität jeweils bewahrt werden soll, wir uns aber doch gegenseitig respektieren und schätzen.

FRAGE AUS DEM PUBLIKUM Herr Professor Khorchide, als ich den Koran gelesen habe, war ich erstaunt, wie viele Anspielungen auf Geschichten er enthält, die ich aus der Bibel kannte. Und auch das Konzept der Barmherzigkeit ist da wieder aufgetaucht. Wobei vieles, was ich aus der Bibel kannte, in einer etwas anderen Gestalt im Koran aufgetaucht ist. Wenn ich jetzt religionsgeschichtlich lese, dass Mohammed mit christlichen und jüdischen Kaufleuten zu tun hatte und da inspiriert wurde, bevor er den Koran schrieb, dann wünschte ich mir natürlich zum einen, dass die Christen damals manches besser hätten erklären können, zum anderen stellt sich für mich die Frage – und da fand ich es spannend, was Sie vorher über Mohammed gesagt haben –, wie Sie das historisch-kritisch einordnen. Wie viel christliche Barmherzigkeitslehre ist da in den Koran reinvererbt worden? Wie schätzen Sie diesen Tradierungsprozess ein?

MOUHANAD KHORCHIDE In der Tat, der Koran nimmt sehr viele Narrative vor allem aus dem Alten Testament auf. Deshalb finden Sie Gestalten, die man aus dem Alten Testament kennt, auch im Koran wieder, etwa Abraham, Mose und die Erzählung von Josef, dem Sohn des Jakob, mit seinen Geschwistern und viele andere Narrative. Der Koran konnotiert sie manchmal neu. Aber es spricht vor diesem Hintergrund auch aus muslimischer Sicht viel dafür, dass der Koran quasi nicht vom Himmel gefallen ist, sondern dialogisch zwischen Gott und der Gemeinde im siebten Jahrhundert kommuniziert wurde. Das geschah im Rückbezug auf das Material, das damals vorhanden und bekannt war. Das gilt auch für die Aussagen des Korans über das Christentum.

Die Frage ist allerdings, welches Christentum der Koran im Blick hat. Er schreibt zum Beispiel den Christen ein Verständnis von Jesus als biologischem Sohn Gottes zu. Ich kenne keinen Christen, der nicht die koranische Kritik an dieser Vorstellung unterschreiben würde. »Gott hat keine Frau. Wie soll er einen Sohn haben?«, heißt es an zwei Stellen im Koran. »Gott zeugt nicht und wird nicht gezeugt«, heißt es an einer anderen Stelle. Hier geht es um biologische Vorstellungen, die dann auch kritisiert werden. Die Trinität, wie Christen sie heute verstehen, kommt dagegen nicht vor in der koranischen Kritik, dafür aber Maria, die angeblich als eine Göttin neben Jesus und Gott angebetet werde. Das wird kritisiert. Offensichtlich hat es der Koran mit ganz bestimmten christlichen Gruppierungen zu tun. Was dort erfahren wird, fließt hinein in den Koran. Ähnlich verhält es sich in Bezug auf das Judentum. Das wird kritisiert, weil die Juden an einen Sohn Gottes namens Esra glauben und diesen anbeten würden. Ich kenne keinen Juden, der so etwas glaubt. Diese Beispiele zeigen, dass der Koran es mit ganz bestimmten Narrativen zu tun hatte und diese aufgenommen hat. Das geschieht auch, weil sich der Koran eben nicht als ein Buch versteht, das einen Bruch mit dem Judentum und dem Christentum vollzieht. Vielmehr betont er immer wieder die Kontinuität. Nur greift er nach seinem Selbstverständnis korrigierend ein.

Wenn wir das alles jetzt historisch-kritisch einordnen, wird die mekkanische Phase (610 bis 622) in drei Phasen geteilt: frühmekkanisch, mittelmekkanisch, spätmekkanisch. Das zeigen zum Beispiel Theodor Nöldeke und auch Angelika Neuwirth in der Koranforschung sehr schön. Das Wort »Barmherzigkeit« taucht zum ersten Mal in den mittelmekkanischen Suren auf. Am stärksten in der 19. Sure, die die Überschrift »Maria« trägt und hauptsächlich von Maria und Jesus handelt. Die Begrifflichkeit Barmherzigkeit kommt also sehr stark im Zusammenhang mit dem Christentum vor. Es gibt Forschungen, die zu dem Ergebnis kommen, dass der Begriff »Barmherzigkeit« bei den Altarabern vorislamisch gar nicht bekannt gewesen sei und erst der Koran ihn eingeführt habe. Zwar wird in der frühmekkanischen Phase der Begriff »Barmherzigkeit« nicht verwendet, aber die Rede von einem dialogischen, kommunikativen, personalen Gott ist schon stark vertreten. Es ist nicht nur vom Schöpfergott die Rede, sondern von einem Gott, der auch in der Zeit handelt und die Menschen in der Zeit begleitet. Die Barmherzigkeit taucht dann eben explizit in der mittelmekkanischen Phase im Zusammenhang mit dem Christentum auf. Es ist meines Erachtens gut, dass hier der Koran selbst diese Verbindung zum Christentum gerade beim Thema Barmherzigkeit herstellt. Schade ist allerdings, dass diese Erkenntnis in der innerexegetischen und innertheologischen Diskussion kaum so rezipiert wird.

FRAGE AUS DEM PUBLIKUM   Wir gehen im Christentum, Herr Kardinal Kasper, davon aus, als sei das Christentum selbstverständlich präpariert für die Demokratie. Mir scheint es aber doch eher so zu sein, dass auch unser Christentum langsam erst bereit sein musste, demokratische Formen zuzulassen. Womöglich musste sich auch das Christentum zurücknehmen, säkularisieren oder säkulare Gesellschaften zulassen, um reif für die Demokratie zu sein. Das wäre meine Frage an Sie, Herr Kardinal, und dann natürlich an den Islamwissenschaftler die entsprechende Frage: Ist denn der Islam reif für die Demokratie?

WALTER KASPER   Das Christentum identifiziert sich mit keiner konkreten Staatsform. Es lässt jede Staatsform zu, die in sich gerecht ist. Nach den Regeln der Gerechtigkeit gilt für uns heute allgemein die Demokratie als die einzig mögliche Form, oder wie Churchill gesagt hat, die Demokratie ist die am wenigsten schlechte Form des Staates. Diese Demokratie ist aber nicht ganz zufällig auf dem Boden des Christentums gewachsen. Sie hat in der Geschichte des Christentums ihre Voraussetzungen. Deshalb kann heute die Kirche Ja sagen zur Demokratie. Das Christentum hat aber einen ethischen

Imperativ, also eine ethische Ordnung. Diese kann es allerdings nicht der Gesellschaft auferlegen, sondern es appelliert an das Gewissen der einzelnen Staatsbürger, in ihrer gesellschaftlichen Form diese ethischen Ordnungen zu verwirklichen.

Man muss allerdings bedenken, dass die Kirche auch lange gebraucht hat, bis sie voll Ja sagen konnte zur Demokratie. Sie tut das heute und hofft nun, ihren Beitrag leisten zu können, dass die Demokratie in sich stabil bleibt. Denn es gibt ja das berühmte Wort von Ernst-Wolfgang Böckenförde, wonach die Demokratie von Voraussetzungen lebt, die sie selber nicht garantieren kann. Sie setzt den freien und mündigen Bürger voraus. An dieser Stelle will das Christentum helfen, dass Menschen zu ihrer Freiheit und zur Gerechtigkeit finden, ohne sich mit irgendeiner Form endgültig zu identifizieren.

MOUHANAD KHORCHIDE   Ist der Islam reif für die Demokratie? Es hängt immer davon ab, wie man den Islam versteht und von welchem Islam wir sprechen. Der saudische Islam ist sicher nicht reif für die Demokratie und auch nicht der salafistische Islam. Der Islam, der sich als Gesetzesreligion versteht, also als eine Offenbarung von fertigen Instruktionen, die das Ziel haben, ein juristisches

Schema zu entwerfen, das möglichst alle Lebensbereiche umfassen soll, wo Gott alles im Leben der Menschen regelt, ist nicht demokratiefähig. Dazu muss man anmerken, dass die meisten sogenannten Gesetze, die im Namen des Islams kommuniziert werden, gar nicht unmittelbar aus dem Koran stammen, sondern die Auslegungen der Gelehrten widerspiegeln, und diese können sehr stark variieren. Käme man in einem demokratischen System zu anderen Gesetzen, als die Auslegungen der Gelehrten fordern, würde es in diesem Verständnis des Islams schwierig. Ich behaupte allerdings, dass es ein Verständnis des Islams gibt, das mit Demokratie kompatibel ist. Das ist dann der Fall, wenn man den Islam an erster Stelle als spirituelle Religion versteht, in der es darum geht, das transzendente Bedürfnis im Menschen zu erfüllen, Kontakt aufzunehmen zu Gott, eine eigene, individuelle Beziehung zu Gott aufzubauen und die ethische Komponente der Religion zu betonen. In diesem Sinne verstehe ich auch die Gesetze im Koran nur als Mittel, die kontextabhängig sind im Wandel der Zeit, um ethische Prinzipien mit den jeweils vorhandenen juristischen Mitteln umzusetzen. Nur solche ethischen Prinzipien, die darauf zielen, eine gerechte Gesellschaftsordnung zu schaffen, sind für uns heute von Bedeutung, nicht jedoch die Mittel, die sich selbst wandeln im Wandel der Zeit. Wie wir zu einer gerechten Gesellschaftsordnung kommen, muss jede Gesellschaft für sich aushandeln. Wenn ich den Islam als spirituelle, ethische Religion verstehe, dann ist er selbstverständlich auch mit dem modernen Verständnis von Demokratie vereinbar.

Ähnlich verhält es sich bei dem Thema, das immer wieder als Beispiel für die Unvereinbarkeit von Islam und Demokratie angeführt wird: die Trennung von Staat und Religion. Hier wird immer wieder gesagt, dass dies im Islam nicht der Fall sei. Das hängt meines Erachtens wie beim vorherigen Thema vom jeweiligen Verständnis des Islams ab. Es gibt das Verständnis, dass der Islam alles vorschreibt für einen Staat. Wenn wir allerdings den Koran lesen, gibt es dort nur 82 Verse, in denen Gesetze und juristische Aussagen in Bezug auf die Gesellschaftsordnung behandelt werden. Der Koran hat insgesamt 6236 Verse. Allein von 82 Sätzen im Koran kann ich keine Politik betreiben und keine Gesetze für einen funktionierenden Staat ableiten. Es sind vielmehr immer die jeweiligen Gelehrten, die versuchen, zu interpretieren und zu sagen: »Gott will ...« oder »Der Islam sagt ...«. Deshalb plädiere ich immer für die Trennung in dem Sinne, dass Muslime sich einbringen müssen mit den ethischen Prinzipien, die aus dem Islam abgeleitet sind, aber nicht mit den einzelnen Gesetzen, die im Koran beschrieben werden, etwa wenn da von Körperstrafen oder ähnlichem die Rede ist. Das sind juristische Mittel des 7. Jahrhunderts, die nicht zu verstehen sind als Imperative, die an mich heute gerichtet sind.

FRAGE AUS DEM PUBLIKUM Könnten Sie sich vorstellen, Herr Professor Khorchide, dass es irgendwann ein Konzil im Islam geben wird?

MOUHANAD KHORCHIDE Da wir keine Institution wie die Kirche haben, wird es im Islam immer schwierig sein, eine Institution zu haben, die vor allem politisch unabhängig ist und zu etwas Verbindlichem kommt. Was im Islam eine Rolle spielt, wird immer durch Diskurse von unten entstehen. Vielleicht haben Sie es am Rande mitbekommen: Vor kurzem haben sich 200 Gelehrte, unter anderem von Al-Azhar und anderen Einrichtungen, in Tschetschenien getroffen, um eine Art Resolution zu verabschieden, in der festgelegt wird, wer Muslime sind.

Man wollte dort ausdrücklich die salafistischen Saudis ausschließen. Man wollte sagen: Der salafistische Islam gehört nicht dazu. Das hat für Wellen an Widerstand gesorgt. Es war eine politische Veranstaltung, die überhaupt keine Verbindlichkeit besitzt, auch wenn 200 Gelehrte dahinterstehen. Was Verbindlichkeit hat, sind letztendlich die Diskurse, die von unten entstehen. Was immer an solchen Treffen stattfinden wird, die entscheidende Frage wird stets die Frage nach der Authentizität und nach der Verbindlichkeit sein. Ich glaube, die Diskurse, die von unten entstehen und möglichst von der Masse, von der Basis getragen sind, haben mehr Gewicht; daher haben gerade religiöse Bildungsinstitutionen, die in den islamischen Ländern stark vom Staat gesteuert sind, eine maßgebliche Rolle bei der Etablierung des einen oder anderen Islamverständnisses.

JÜRGEN ERBACHER Heute Abend ist der Dialog sehr gut gelungen. Bisweilen ist das mit dem theologischen Dialog zwischen Christentum und Islam ja nicht einfach gewesen und ist es bis heute nicht. Kurz der Blick nach vorne: Könnte die Barmherzigkeit ein Thema sein, das als eine neue Brücke taugt für den theologischen Dialog zwischen dem Christentum und dem Islam?

WALTER KASPER Ich denke, die Menschheit wird heute nur Zukunft haben, wenn sie sich gemeinsam von ihren jeweiligen unterschiedlichen kulturellen und religiösen Voraussetzungen ausgehend auf das Thema Barmherzigkeit besinnt. Anders kann die Menschheit in der heutigen Situation keine Zukunft haben. Da müssen alle Menschen guten Willens, auch alle Religionen zusammenarbeiten. Sie müssen ihre vergangenen Streitigkeiten vergessen und barmherzig miteinander umgehen, auch was ihre Vergangenheit angeht, und dann zusammenarbeiten mit dem, was sie gemeinsam haben. Mit der Interpretation von Islam, die wir heute Abend gehört haben, sind gemeinsame Voraussetzungen da, dass man auch wirklich zusammenarbeiten kann für eine gerechtere, eine freiheitliche, für eine barmherzigere Welt, die wir brauchen. Es geht dann in dieser Zusammenarbeit auch darum, andere Mächte zurückzudrängen. Ich glaube, das ist alternativlos, um dieses Wort jetzt zu gebrauchen. Wir sind alle mitverantwortlich, für Barmherzigkeit einzutreten, ohne dass wir eine Super-Religion konstruieren, wo alles gleich ist oder, wie Hegel gesagt hat, alle Kegel schwarz und alle Katzen grau sind. Das führt zu gar nichts. Wir haben uns in der Vielfalt und Unterschiedlichkeit zu respektieren. Deshalb nochmals mein Wunsch an die Vertreter des Islams, sich auf Religionsfreiheit zu besinnen als eine Basis und Voraussetzung, damit wir heute zukunftsfähig sind.

MOUHANAD KHORCHIDE Die Entwicklungen der letzten Jahre zeigen, dass die Trennlinie nicht unbedingt zwischen Muslimen und Christen, also nicht zwischen den Religionen verläuft, sondern zwischen menschenfreundlichen und menschenfeindlichen Auslegungen unserer Religionen und Weltanschauungen. Ich verstehe mich hier zum Beispiel mit Kardinal Kasper sicher viel besser, als ich mich mit einem stark konservativen Muslim verstünde. Ich glaube, was die Menschheit heute von den Religionen und uns Theologen erwartet, ist diese Barmherzigkeit. Dabei geht es meines Erachtens vor allem darum, dass wir das Konzept der Barmherzigkeit nicht nur theologisch anstoßen, sondern zeigen, wie es in die Lebenswirklichkeit zu übersetzen ist. Was kann ich hier und heute in der Welt mit Barmherzigkeit anfangen? Es ist nicht nur eine theologische Debatte. Als Theologe würde ich sehr gerne auch über das innergöttliche Verständnis und die Trinität sprechen; das sind Fragen, die uns als Theologen reizen. Aber das sind nicht unbedingt die Fragen, die für die Menschen interessant sind, wenn man von Barmherzigkeit spricht. Ich glaube, der Auftrag an uns Theologen, ja der Religionen ganz allgemein ist es, die Sorgen der Menschen im Hier und Jetzt stärker aufzugreifen. Es geht darum, das Konzept der Barmherzigkeit auch in der politischen Dimension zu entfalten. Ich sehe zum Beispiel einerseits, dass wir noch immer so viel Leid in der Welt haben, angerichtet durch Waffen, die auch Länder exportieren, die nicht unreligiös sind. Oder ich denke andererseits an den sogenannten arabischen Frühling, der alles andere als theologisch oder religiös angestoßen wurde. Dann sehe ich, wie viel Arbeit wir noch vor uns haben, und vermisse beim Wunsch nach Gerechtigkeit einen größeren Beitrag der Religionen. Wo sind die Stimmen der Religionen, um zu verhindern, dass so viel Unheil geschieht? Wo sind die Religionen, wenn es darum geht, nach mehr Frieden in der Welt zu suchen? Ich glaube, das ist der nächste Auftrag für den interreligiösen Dialog, und ich sehe, auf theologischer Basis verstehen wir uns hier wunderbar. Es fehlt nur die weitere Arbeit der praktischen Übersetzung.

JÜRGEN ERBACHER   Vielen Dank für das Gespräch.

Papst Franziskus, die Barmherzigkeit und der interreligiöse Dialog

JÜRGEN ERBACHER

Mit Papst Franziskus ist das Thema Barmherzigkeit ganz oben auf die Agenda der katholischen Kirche gekommen. Bereits bei seinem ersten Sonntagsgottesdienst nach der Wahl zum Oberhaupt der katholischen Kirche stellte er fest: »Die Botschaft Jesu ist diese: Barmherzigkeit. Für mich – ich sage das in aller Bescheidenheit – ist das die stärkste Botschaft des Herrn: die Barmherzigkeit.«[1] Waren bei dem Gottesdienst in der kleinen Gemeindekirche Sankt Anna des Vatikans nur wenige hundert Gläubige anwesend, nutzte Franziskus gleich anschließend das erste sonntägliche Mittagsgebet auf dem Petersplatz, um der Welt sein Programm vorzustellen: Barmherzigkeit. In Anlehnung an Kardinal Walter Kasper stellte er fest: Das Wort Barmherzigkeit än-

---

1 Papst Franziskus, Predigt in der Kirche Sankt Anna. Vatikan 17. März 2013.

dere alles. »Es ist das Beste, was wir hören können: Es ändert die Welt. Ein wenig Barmherzigkeit macht die Welt weniger kalt und viel gerechter. Wir haben es notwendig, diese Barmherzigkeit Gottes gut zu verstehen, dieses barmherzigen Vaters, der so viel Geduld hat.«[2] Was das konkret für die katholische Kirche als Institution, für jeden einzelnen Christen sowie für die Welt und auch das Verhältnis der Religionen bedeutet, buchstabiert Franziskus in seinem Pontifikat immer wieder aufs Neue durch. Der synodale Prozess zu Ehe und Familie, der im Apostolischen Schreiben *Amoris laetitia* mündete, oder das Außerordentliche Heilige Jahr der Barmherzigkeit sind nur zwei Beispiele dafür.

Dialog und Begegnung

Eine Kirche, die sich der Barmherzigkeit verschreibt, ist eine Kirche, die sich nicht triumphalistisch gebärdet, sondern die mit einer gewissen Demut und Bescheidenheit in der Welt wirkt. Grundsätzlich ist diese Haltung für die katholische Kirche nicht neu; dennoch hat sie in Papst Franziskus einen authentischen Zeugen gefunden, der für eine besondere Glaubwürdigkeit steht. Das beein-

---

2 Papst Franziskus, Angelus. Vatikan 17. März 2013.

druckt viele Menschen weit über die katholische Kirche hinaus. Dazu kommt, dass neben der Barmherzigkeit die »Kultur der Begegnung« für Papst Franziskus von ganz zentraler Bedeutung ist. Dialog setzt Begegnung voraus. Für den Papst ist es wichtig, miteinander zu sprechen und nicht übereinander. So kann Missverständnissen vorgebeugt werden; Klischees und Vorurteile haben so keine weitere Chance, tradiert zu werden. In seiner großen Programmschrift *Evangelii gaudium*, die Franziskus nur wenige Monate nach seiner Wahl im November 2013 vorgelegt hat, macht er deutlich, wie wichtig ihm der Dialog ist. »Ein Dialog ist weit mehr als die Mitteilung einer Wahrheit. Er kommt zustande aus Freude am Reden und um des konkreten Gutes willen, das unter denen, die einander lieben, mit Hilfe von Worten mitgeteilt wird. Es ist ein Gut, das nicht in Dingen besteht, sondern in den Personen selbst, die sich im Dialog einander schenken.«[3] Deshalb ist Franziskus die konkrete Begegnung so wichtig. In jedem Fachdialog schwingt immer auch die persönliche Beziehungsebene mit.

Zur Begegnung und dem Dialog gibt es keine Alternative, ist Franziskus überzeugt. Nur so ist eine

---

3   EG 142

Zukunft in Frieden möglich, in der jeder Mensch ein würdiges Leben führen kann. Aufgabe der Religionen ist es, sich für ein friedliches Miteinander der Menschen untereinander sowie mit der Schöpfung einzusetzen. Die Grundprämisse von Papst Franziskus ist dabei, dass die Religionen »die Menschen auf der Suche nach dem Sinn des Lebens begleiten und ihnen helfen zu begreifen, dass die begrenzten Fähigkeiten des Menschen und die Güter dieser Welt niemals zu absoluten Größen werden dürfen«[4]. Die Religion wird so zu einem »Kompass, um ihn [den Menschen] zum Guten hin zu orientieren und ihn vom Bösen abzuhalten«[5]. Dazu braucht es den Dialog der Religionen. Dieser beginnt mit der Begegnung, der eine »erste Kenntnis« des anderen ermöglicht. »Denn wenn man von der Voraussetzung der gemeinsamen Zugehörigkeit zur menschlichen Natur ausgeht, dann können Vorurteile und Unwahrheiten überwunden werden, und

---

4 Papst Franziskus, Ansprache bei der Interreligiösen Begegnung mit dem Scheich und Repräsentanten der anderen Religionsgemeinschaften Aserbaidschans. Baku 2. Oktober 2016.
5 Ebd.

man kann beginnen, den anderen unter einer neuen Perspektive zu verstehen.«[6]

Dabei wird Franziskus aber nicht müde zu betonen, dass der interreligiöse Dialog frei bleiben muss von jeder Form des Synkretismus. »Ein versöhnlicher Synkretismus wäre im Grunde ein Totalitarismus derer, die sich anmaßen, Versöhnung zu bringen, indem sie von den Werten absehen, die sie übersteigen und deren Eigentümer sie nicht sind.«[7] Die Offenheit zum Dialog setzt voraus, dass die jeweiligen Dialogpartner in ihrer eigenen Identität gefestigt sind. Im Umkehrschluss muss sich derjenige, der Angst vor dem Dialog hat, fragen lassen, ob das eigene Fundament wirklich stabil ist. Wer fest und tief im eigenen Glauben verwurzelt ist, kann offen sein für einen echten Dialog, ist Papst Franziskus überzeugt. »Eine diplomatische Offenheit, die zu allem Ja sagt, um Probleme zu vermeiden, nützt uns nicht, da dies eine Art und Weise wäre, den anderen zu täuschen und ihm das Gut vorzuenthalten, das man als Gabe empfangen hat,

---

6 Papst Franziskus, Ansprache zum 50. Jahrestag der Eröffnung des Päpstlichen Instituts für arabische und islamische Studien in Rom. Vatikan 24. Januar 2015.
7 EG 251

um es großzügig zu teilen. Die Evangelisierung und der interreligiöse Dialog sind weit davon entfernt, einander entgegengesetzt zu sein, vielmehr unterstützen und nähren sie einander.«[8]

Verschiedenheit als Chance

Es gibt noch einen weiteren wichtigen Punkt in Bezug auf den Dialog, für den eine feste und tiefe Verwurzelung im eigenen Glauben unablässig ist: das Aushalten von Verschiedenheit. Im Pontifikat von Papst Franziskus zeigt sich, dass dies nicht nur im Dialog mit den anderen christlichen Kirchen und den Religionen wichtig ist. An vielen Stellen scheint die katholische Kirche erst noch lernen zu müssen, dass auch innerhalb ihrer selbst Verschiedenheit keine Bedrohung ist, etwa für die eigene Identität, sondern eine Bereicherung sowie ein konstitutives Element für einen Global Player, wie ihn die katholische Kirche nun einmal darstellt. Die Tragweite der einleitenden Bemerkungen von Papst Franziskus zu seinem Schreiben *Amoris laetitia* dürfte noch immer schwer abzuschätzen sein, wenn er feststellt: »Selbstverständlich ist in der Kirche eine Einheit der Lehre und der Praxis notwendig; das ist aber

---

8   Ebd.

kein Hindernis dafür, dass verschiedene Interpretationen einiger Aspekte der Lehre oder einiger Schlussfolgerungen, die aus ihr gezogen werden, weiterbestehen.«[9] Er verweist darauf, dass allgemeine Grundsätze inkulturiert werden müssen und es daher auch zu verschiedenen Handlungsweisen innerhalb der einen katholischen Kirche kommen kann. Wenn aber diese Unterschiedlichkeit schon innerhalb der katholischen Kirche akzeptiert und als etwas Positives anerkannt werden muss, um wie viel mehr muss das dann der Fall sein, wenn es um andere Religionen geht. »Unterschiedlichkeit als Bereicherung und Fruchtbarkeit zu entdecken und anzunehmen ist das wirksamste Gegengift gegen jede Form von Gewalt«[10], ist Franziskus überzeugt. Es dürfte legitim sein, den hier angeführten Begriff Gewalt nicht nur im Sinne der physischen Gewalt zu verstehen, sondern auch in dem Sinne, wie verbal mit unterschiedlichen Positionen umgegangen wird.

9 AL 3.
10 Papst Franziskus, Ansprache zum 50. Jahrestag der Eröffnung des Päpstlichen Instituts für arabische und islamische Studien in Rom. Vatikan 24. Januar 2015.

Wer tief im eigenen Glauben verwurzelt ist und seine eigene Identität gefestigt hat, kann offen sein für den Dialog mit den anderen und hat auch keine Angst vor Begegnung. Selbst Treffen wie die Gebetsveranstaltungen in Assisi werden dann möglich. Fernab von jeglichem Synkretismus können die Vertreter verschiedener Religionen am selben Ort beten, nicht miteinander, aber gleichzeitig und nebeneinander.

Dialog konkret: Miteinander in Frieden leben
Ähnlich wie bei der Ökumene sieht Papst Franziskus im Verhältnis der Religionen den »Dialog des Lebens« als mindestens genauso wichtig an wie den intellektuellen Diskurs. »In ihm [dem Dialog des Lebens] teilt man den Alltag des Daseins in seiner Konkretheit, mit den Freuden und den Leiden, den Mühen und den Hoffnungen; man übernimmt gemeinsam Verantwortung; man plant eine bessere Zukunft für alle.«[11] Gerade beim Thema Barmherzigkeit bietet sich hier eine ideale Brücke zwischen den verschiedenen Religionen. Vielen religiösen und kulturellen Traditionen seien Mitleid und Ge-

---

11 Papst Franziskus, Ansprache bei der ökumenischen und interreligiösen Begegnung. Sarajevo 6. Juni 2015.

waltlosigkeit vertraut, so Franziskus. »Denjenigen nahe zu sein, die in Situationen großer Hilfsbedürftigkeit – wie Krankheit, Behinderung, Armut, Ungerechtigkeit, Folgen von Krieg und Migration – leben, ist ein Ruf, der aus dem Herzen jeder wirklich religiösen Tradition aufsteigt.«[12] Die konkrete Zusammenarbeit im Bereich von Caritas und Diakonie, im Einsatz für Gerechtigkeit schafft Begegnung und Vertrauen. Sie kann helfen, Vorurteile abzubauen. Auf dieses Fundament lässt sich dann auch ein intellektueller Dialog aufbauen.

Schließlich kommt dazu noch ein weiterer Aspekt. Mit Blick auf die christlichen Kirchen spricht Papst Franziskus immer wieder von der »Ökumene des Blutes«. Die Verfolger und Peiniger von Christen weltweit machen keine konfessionellen Unterschiede. Wer getauft ist, gilt für diese als Christ. Das schafft eine Verbindung im Leiden. Ähnliche Erfahrung machen auch die Religionen insgesamt. Hier gibt es ein gemeinsames Leiden unter fundamentalistischen religiösen Kräften. Papst Franziskus wird nicht müde zu betonen, dass jede Religion auf Frieden hin ausgerichtet ist. Immer wieder unterstreicht

---

12 Papst Franziskus, Ansprache bei der interreligiösen Begegnung. Vatikan 3. November 2016.

er dabei, dass dies gerade auch für den Islam gelte. Gewalt im Namen der Religion ist Missbrauch, ja ein Sakrileg, so der Papst. Es ist ihm daher ein großes Anliegen, die Vertreter einer authentisch gelebten Religion zu stärken, die also gewaltfrei ist sowie offen für den Dialog und die das friedliche Miteinander der Menschen sucht. Deshalb sind ihm auch die offiziellen Begegnungen mit Religionsführern wichtig.

Seine Besuche in Moscheen, die von großer Herzlichkeit geprägt sind, die Treffen mit hochrangigen Vertretern der islamischen Welt im Vatikan, politisch wie religiös, erzeugen Bilder mit Symbolkraft. Sie sollen zeigen, dass trotz aller inhaltlichen Unterschiede und der in vielen Teilen belasteten Geschichte der Religionen ein Dialog möglich ist. Gewalt erzeugt neue Gewalt. Vorurteile erzeugen neue Vorurteile. Nur in der Begegnung und der Offenheit, vom anderen lernen zu wollen, liegt die Chance für eine friedliche Zukunft. Davon ist Papst Franziskus überzeugt. Entsprechend handelt er und versucht, seine Kirche zu einer dialogfähigen Kirche der Begegnung und des Dialogs zu machen – mit der Welt, mit Andersdenkenden und den anderen Religionen.

Zu den Autoren

WALTER KARDINAL KASPER, Professor für Dogmatik, war von 1989 bis 1999 Bischof der Diözese Rottenburg-Stuttgart und von 2001 bis 2010 Präsident des Päpstlichen Rates zur Förderung der Einheit der Christen.

MOUHANAD KHORCHIDE ist Leiter des Zentrums für Islamische Theologie Münster und Professor für Islamische Religionspädagogik an der Westfälischen Wilhelms-Universität Münster.

JÜRGEN ERBACHER ist langjähriger ZDF-Redakteur mit dem Schwerpunkt Vatikan.

ANNETTE SCHAVAN, von 2005 bis 2013 Bundesministerin für Bildung und Forschung, ist seit 2014 Botschafterin der Bundesrepublik Deutschland beim Heiligen Stuhl.

Walter Kardinal Kasper bei Patmos

Walter Kardinal Kasper
im Gespräch mit Raffaele Luise
Das Feuer des Evangeliums
Mein Weg mit Papst Franziskus
Aus dem Italienischen von Gabriele Stein
232 Seiten | Hardcover mit Schutzumschlag und Leseband
ISBN 978-3-8436-0771-1

In diesem Interview antwortet Kardinal Walter Kasper offen auf Fragen zu den zentralen und strittigen Punkten des Pontifikats von Papst Franziskus: zur Erneuerung der Ehe- und Familienpastoral, zum Einsatz für eine Wirtschaft, die nicht tötet, und für eine ganzheitliche Ökologie, zum neuen Aufbruch zu einer »Ökumene der Freundschaft«, zum Dialog mit den Religionen und Kulturen der Welt und zum neuen Stil des Papstes, seinen Wurzeln und den Widerständen, die er erfährt. Das Interview des Kardinals mit dem italienischen Vatikanexperten Raffaele Luise ist ein Schlüssel, um den Weg von Papst Franziskus zu verstehen, und ein leidenschaftliches Plädoyer, ihm zu folgen.

Walter Kardinal Kasper
Martin Luther
Eine ökumenische Perspektive
94 Seiten | Hardcover mit Leseband
ISBN 978-3-8436-0769-8

»Viele Christen erwarten zu Recht, dass das Gedenken von 500 Jahren Reformation uns ökumenisch einen Schritt dem Ziel der Einheit näher bringen werde. Wir dürfen diese Erwartung nicht enttäuschen.« So schreibt Walter Kasper zu Beginn seines Essays über Martin Luther, ein deutliches Signal aus dem Mund des früheren Präsidenten des Päpstlichen Rates zur Förderung der Einheit der Christen. Luthers Welt und seine Botschaft stehen in einer Zeit des Umbruchs und sind modernen Menschen zunächst fremd. Hört man diesem »fremden Luther« aber zu, entdeckt man, wie aktuell seine Botschaft für Christen aller Konfessionen ist und was ihn mit Papst Franziskus und dessen Einsatz für Barmherzigkeit verbindet. Das Buch geht zurück auf einen viel beachteten Vortrag, den der Autor 2016 an der Humboldt-Universität zu Berlin gehalten hat.

Walter Kardinal Kasper
Eine Spur ins Leben
Begleiter durch die Fasten- und Osterzeit
128 Seiten | Hardcover mit Leseband
ISBN 978-3-8436-0889-3

Die österliche Feier des Leidens und Sterbens Jesu und seiner Auferstehung von den Toten führt uns nicht nur das zentrale Geheimnis des christlichen Glaubens vor Augen, sondern offenbart auch, wie es um die Existenz des Menschen bestellt ist. Aus Sünde und Tod führt eine Spur ins Leben, der Weg der Auferstehung, zu dem Jesus Christus alle Menschen ruft.

Meditationen von Walter Kasper zu den biblischen Texten der Fasten- und Osterzeit.